flohmarkt-flair zuhause

Emily Chalmers

flohmarkt-flair zuhause

Text von Ali Hanan
Fotos von Debi Treloar

Aus dem Englischen
von Bigitte Beier

Gerstenberg Verlag

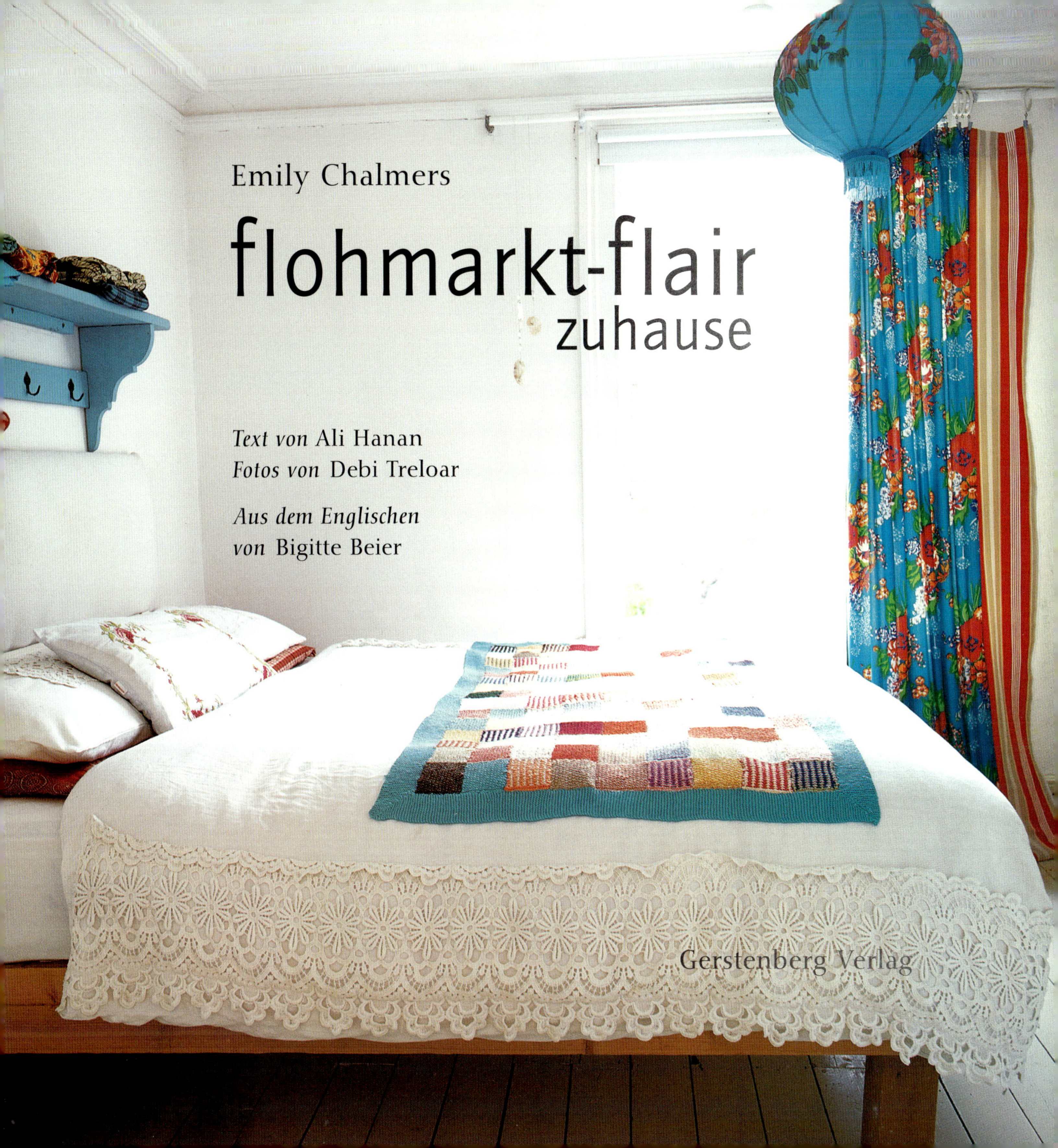

Bibliografische Information
Der Deutschen Bibliothek
Die Deutsche Bibliothek verzeichnet diese Publikation in der Deutschen Nationalbibliografie; detaillierte bibliografische Daten sind im Internet über *http://dnb.ddb.de* abrufbar.

Die Originalausgabe erschien 2005 unter dem Titel *Flea Market Style* bei Ryland Peters & Small Ltd, 20–21 Jockey's Fields, London WC1R ABW, Great Britain

Satz: Fotosatz Ressemann, Hochstadt
Printed and bound in China
ISBN 978-3-8067-2954-2

Inhalt

Einführung

Samstagmorgen. Angenommen, Sie haben Ihre Schritte nicht zur Hauptstraße gelenkt, sondern sind zu einem Flohmarkt geschlendert. Dort quillt jeder Stand über vor Kostbarkeiten – Vintage-Stoffe, blankgeputztes Silberbesteck, Teetassen aus feinem Porzellan und, ein echtes Juwel, ein nussbrauner Leder-Clubsessel mit Original-Sitzkissen aus Samt.

Sie stoßen einen Seufzer aus. Wenn Ihr Einkaufskorb doch nur hundertmal größer wäre und einen Motor und vier Räder hätte! Was man in Geschäften kaufen kann, sieht neben Secondhand-Stücken mit bunter Vergangenheit einfach blass aus. Oldtimer wie Kupfertöpfe oder gusseiserne Kessel mit den Spuren jahrzehntelanger Nutzung, Tisch- und Bettwäsche aus Großmutters Zeiten und Rollschreibtische aus Mahagoni

erzählen Geschichten. Zudem sind manche Flohmarktfunde mit einer Kunstfertigkeit hergestellt, die im Zeitalter der Massenproduktion selten geworden ist. Eine winzige Unregelmäßigkeit im Muster einer handbemalten Tapete oder der Daumenabdruck auf einer handgetöpferten Vase lassen den Menschen erahnen, der diese Stücke hergestellt hat.

Schöne Dinge kommen nicht aus der Mode, und Klassiker überdauern alle Zeiten. Mit etwas Glück graben Sie einen Schatz aus und nehmen für »einen Apfel und ein Ei« einen Eames-Stuhl oder eine Castiglioni-Leuchte mit nachhause. Beim Wiederverkauf werden Sie möglicherweise eine angenehme Überraschung erleben.

Einige Stücke können bleiben, wie sie sind, andere brauchen dagegen eine liebevolle Reparatur oder eine kleine Schönheitskur. Ein Kissen, das bislang ein Aschenputtel-Dasein führte, lässt sich mit einer antiken Brosche aufpeppen, eine unscheinbare Lampe erhält ein tolles neues Kleid aus alten Bändern und Borten. Mit ein wenig Übung erken-

nen Sie schnell, was in den Dingen steckt, und hauchen ihnen neues Leben ein: Eine Bank wird zum Beistelltisch, eine angestoßene Teetasse zur Vase.

Im ersten Teil des Buches, *Flohmarktfunde*, erfahren Sie, was die Märkte bieten und wie Sie unter Möbeln, Geschirr, Lampen und Textilien je nach Geschmack – ob Retro, minimalistisch, Rock oder eklektisch – Ihre Wahl treffen können. Im zweiten Teil betrachten wir *Raum für Raum* und zeigen, wie Sie Ihre Inneneinrichtung erneuern können. Hinweise auf Märkte runden das Buch ab. Doch Sie können auch an anderen Orten fündig werden: auf Wohltätigkeitsbasaren, in Trödelläden, bei Auktionen, auf Internetseiten oder sogar beim Sperrmüll.

Lassen Sie sich inspirieren. Beim Blättern werden Sie Ihre Vorlieben entdecken und ein Gespür dafür entwickeln, was zu Ihnen passt. Ignorieren Sie die Massenware in den Einkaufsstraßen, und widmen Sie sich der Wiederbelebung von Einzelstücken mit Seele und Stil – so wird Ihre Wohnung zum Zuhause.

Flohmarktfunde

Ob Stuhl, Tisch, Bett, Regal, Schreibtisch, Sofa, Sessel, Hocker oder Schrank – alte Möbel sind in allen Formen, Größen und Stilen oft für ein Butterbrot zu haben. Folgen Sie Ihrem Geschmack, kreieren Sie Ihren eigenen eklektischen Look.

Möbel

Secondhand-Möbel strahlen Wärme und Lebendigkeit aus und machen eine Wohnung erst zum Zuhause. Stücke vom Flohmarkt können ihre Macken haben, und einige müssen sicher gründlich aufgearbeitet werden. Doch bei allen lohnt eine kleine Auffrischung – und schon erblühen sie zu neuem Leben.

Bei solchen Fundstücken kann man unter einer Vielfalt dekorativer Stile wählen. Zeitlose Möbel wie alte Ledersofas und Klostertische sind wie ausgewaschene Jeans oder das kleine Schwarze – sie sehen fast überall gut aus. Für Bewohner von Lofts gibt es die zum kargen, kantigen Industriedesign passenden Stücke, etwa ausrangierte Zahnarztsessel, Bürodrehstühle oder Aktenschränke. Wem der Sinn eher nach behaglichem Landhausstil steht, der kann auf Märkten aus einem Meer von Möbeln das richtige Stück fischen (Körbe, Schaukelstühle, rustikale Tische usw.). Wer Retrodesign liebt, kann in Vintage-Möbeln schwelgen, etwa Anrichten aus Holz, Nierentischen und niedrigen Kunstledersofas.

Wenn Sie nach solchen Gegenständen suchen,

OBEN **Kaum vorstellbar, dass diese Dame in Rot vor dem Sperrmüllwagen gerettet werden musste. Mit dem bunten, aus einem Schal gefertigten Kissen sieht sie umwerfend aus.**

LINKS **Viele einst heißgeliebte Stücke brauchen nur eine kleine Schönheitskur. Bei einem Schubladenschrank aus dem Büro etwa genügt ein rosa Anstrich.**

Verstehen Sie sich als Scout von Supermodels: Schöne Stücke werden Ihnen bald aus hundert Metern Entfernung ins Auge fallen.

werden Sie immer wieder auf Klassiker zu vernünftigen Preisen stoßen. Qualitätsware neu zu kaufen ist sehr teuer; preiswerte Neumöbel hingegen gibt es meist nur zum Zusammenbauen, und solche Stücke fallen häufig nach einigen Monaten auseinander. Wer sich für Designklassiker interessiert, kann eventuell ein heiß begehrtes Stück auftun, z. B. einen originalen S-Stuhl von Verner Panton oder einen Lounge Chair von Charles und Ray Eames. Solche Schätze bewahren ihren Wert oder erleben, wenn sie in tadellosem Zustand erhalten werden, sogar einen Wertzuwachs. Beim Wiederverkauf macht man dann die Erfahrung, buchstäblich auf einem kleinen Vermögen gesessen zu haben.

Verstehen Sie sich, wenn es an den Kauf von Möbeln geht, als Talentscout auf der Suche nach potenziellen Supermodels. Dann werden Ihnen schöne Stücke bald aus hundert Metern Entfernung ins Auge fallen. Zunächst sollten sie auf ihre Haltbarkeit hin untersucht werden (wer will beim Lesen der Sonntagszeitung schon gern eine Sprungfeder im Rücken spüren?): Sind Rahmen, Beine und Sprungfedern stabil, ist die Polsterung intakt? Wenn das Möbelstück den Test besteht, aber äußerlich mitgenommen aussieht, erwägen Sie eine Schönheitskur. Ein frischer Anstrich, ein neuer Bezug oder eine andere raffinierte Spezialbehandlung bewirkt oftmals Wunder.

Das Thema Sitzgelegenheiten ist vor allem für die Wohnzimmereinrichtung interessant. Bei Lehn-

LINKS Korridore sind häufig nur Durchgangswege, doch mit einem Fund wie diesem trendigen Retrostuhl verweilt man dort gern.

GANZ LINKS UNTEN Das luxuriöse rote Ledersofa wirkt durch das Kissen mit Blumenmuster nicht ganz so geleckt und kalt. Den Stoff lieferte eine alte Küchengardine.

LINKS UNTEN Dieser Schwanenstuhl des dänischen Designers Arne Jacobsen stammt von einem Kopenhagener Flohmarkt.

DIESE SEITE Mit Farbe – hier ein frisches Blau anstelle von angegrautem Weiß – bleibt ein altes Sofa auf der Höhe der Zeit.

Eine antike Kommode mit vergoldeten Kanten und Füßen vom Portobello-Markt in London verleiht einem modern eingerichteten Raum einen Hauch von altmodischem Luxus. Darauf steht ein fernöstlich anmutender Glasbaum, ebenfalls vom Flohmarkt, der mit dem Schmuck seiner neuen Besitzerin behängt ist. Auch das Bild ist ein gängiges Fundstück.

Einige Fundstücke haben Macken, doch bei allen lohnt eine kleine Auffrischung – und schon erblühen sie zu neuem Leben.

stühlen und Sofas sollten Sie auf Abnutzungsspuren achten: Sind die Lehnen an einer Stelle blank, gibt es Sitzmulden? Wenn ja, dann ist das Stück so bequem, dass früher jemand ständig darauf gesessen hat. Dem Appeal eines viel benutzten Ledersofas wird sich kaum jemand entziehen können. Polstermöbel können in gutem Zustand, nur der Stoff mag aus der Mode gekommen sein – mit einem neuen Kleid kein Problem. Statt das Stück mit einem aktuellen oder klassischen Stoff neu zu beziehen, können Sie aber auch einfach eine alte Tagesdecke, ein kariertes Plaid oder einen Kunstpelz darüber drapieren. Oder Sie peppen es mit reichverzierten Kissen aus alten Stoffen auf.

Auch Liegen und Chaiselongues gehören ins Wohnzimmer. Letztere haben häufig etwas Elegantes und Vornehmes an sich. Wer es eher lebhaft und modern mag, kann einem solchen Stück durch einen Bezug mit Zebrastreifenmuster einen schrillen Touch geben. Freunde des klassischen Stils unterstreichen seinen historischen Charme mit bestickten Seidenkissen. Schlafzimmern geben solche Stücke etwas Verführerisches, Badezimmern einen Hauch Dekadenz. Eine Liege lässt sich leicht herstellen

OBEN LINKS **Besonders reizvoll sind alte Stücke in ungewöhnlicher Umgebung. Die in frischem Weiß gestrichene Kommode steht in einem ansonsten eher streng eingerichteten Wohnzimmer.**

OBEN **Ein Sideboard aus den 1960ern als Schrank und Ablage. Das unfertige Bild darüber ist vom Muster eines alten Seidenschals inspiriert.**

(man kürzt einfach die Beine eines kleinen, schmalen Bettes) und für Übernachtungsgäste einfacher handhaben als ein Schlafsofa. Tagsüber geben bunte Kissen eine bequeme Rückenstütze ab.

Ein anderer, häufig missachteter Fund vom Trödel ist die Bank, ob aus einer Kirche oder einer Schulaula. Solche Bänke bestehen häufig aus sehr hochwertigem Holz und können als Tische oder zusätzliche Sitzgelegenheit beim Essen mit Freunden dienen. Ein paar Sitzkissen aus alten Stoffen sorgen für Bequemlichkeit.

Die Auswahl an Stühlen ist ebenso groß wie die Möglichkeiten, sie in den eigenen vier Wänden zu nutzen. Stöbern Sie nach alten schmiedeeisernen Stühlen, nach Kaffeehausstühlen, Metallhockern, Schaukel- und Korbstühlen, aber verschmähen Sie auch nicht ausgemusterte »Arbeitsstühle« wie Zahnarztsessel, alte Kinositze, Stühle für therapeutische Massagen, Bar- und Laborhocker, Büro- oder Architektenstühle. Solche Fundstücke sorgen für ein originelles, vielleicht sogar exzentrisches Flair.

Was Esszimmerstühle betrifft, wird es nicht immer gelingen, einen kompletten Satz aufzutreiben. Wenn Sie es gern einheitlich haben, sollten Sie Einzelstücke mit einem gemeinsamen Merkmal herausangeln (klappbare Gartenstühle, Kaffeehausstühle aus Holz, Stühle aus den 1960er Jahren), oder aber Sie stellen absichtlich Stühle zusammen, die nicht zueinander passen, und sorgen dann mit Kissen für Stimmigkeit.

GANZ LINKS **Ein vom Müll gerettetes Sportnetz unterteilt den Wohnbereich. Als Sitzgelegenheit dient ein elektrischer Massagestuhl, der ursprünglich mit Kunstleder und nun mit einem Stoff mit Blumenmuster bezogen wurde. So sieht er viel freundlicher aus.**

LINKS **Gartenmöbel können auch in Wohnräumen zum Einsatz kommen; diese Etagere aus Maschendraht dient jetzt als Ablage für Bücher und Dekostücke.**

DIESE SEITE **In einem Schrank mit Schiebetüren lässt sich, säuberlich in Schachteln sortiert, viel Kleinkram verstauen.**

FELIX FELIX
FELIX FELIX
FELIX FELIX
FELIX FELIX FELIX
FELIX FELIX FELIX

DIESE DOPPELSEITE

Lassen Sie sich vom Einfallsreichtum der Bewohnerin dieses Hauses anstecken, die Möbelstücke mit Kreide aufgepeppt hat. Die Kommode ihres Sohnes hat sie über und über mit seinem Namen beschrieben, den Dielenschrank mit schwungvoll geschriebenen Gedichtzeilen bedeckt. Der blaugraue Anstrich ist dafür der passende Untergrund.

DIESE SEITE Unscheinbare Schubladenschränkchen (unten links und unten) erhalten durch leuchtende Farben ein individuelles Gesicht. Ein Satz kleiner Spiegel (links) erfüllt dieselbe Funktion wie ein einziger langer.

RECHTS Dieser alte, hell gestrichene Wäscheschrank mit den schönen Glaseinsätzen beherbergt heute Geschirr. Das Sofa daneben beweist, dass ein geblümter Chintzbezug vor einer schlichten Wand richtig zum Strahlen kommt.

Bei Tischen besteht u.a. die Wahl zwischen Secondhand-Bürotischen, alten Gartentischen, Nachttischen und Klostertischen. Wer genug Platz hat, kann nach einem Bauerntisch Ausschau halten; bei beengteren Wohnverhältnissen bieten sich Tische mit herunterklappbaren Seitenteilen oder Ausziehtische an – so ist man für Gäste gerüstet. Als letzter Schrei unter Trödel-Funden gilt eine abgeschmirgelte Tür oder eine große, schwere Glasscheibe, die auf zwei Böcke montiert wird.

Wenn Sie Couchtische suchen, werden Sie auf Nierentische aus den 1950ern und Chrom-Glas-Tische aus den 1970ern stoßen. Nachttische, auf denen wenige Bücher, eine Leselampe und ein Glas Wasser Platz haben, lassen sich aus Holzhockern, alten Schultischen oder zusammenklappbaren Servierwagen zaubern.

Teewagen aus Holz liefern auch nützlichen Stauraum in der Küche. Man kann aber auch die Rollen abnehmen und hat dann einen Beistell- oder Kinderesstisch. Viele frühere Arbeitstische – etwa Bürotische, Zeichentische von Architekten und Nähtische – lassen sich zu Schreibtischen umwidmen.

Jeder Haushalt hat Bedarf an Stauraum, und auch hier helfen Fundstücke vom Flohmarkt weiter: Kommoden, Anrichten, Kleiderschränke, Bücherregale, alte hölzerne Geschirrständer und Küchenschränke tauchen dort regelmäßig in allen Formen, Größen und Stilen auf. Sie lassen sich auffrischen, indem man sie abschmirgelt und ihnen einen neuen Anstrich verpasst oder die Türen mit alten Tapeten beklebt. Oder Sie geben den Schubladen mit originellen Griffen (alte Türgriffe oder selbstgemachte aus einem alten Tau) ein individuelles Aussehen. Alte Lederkoffer, Spielzeug-, Tee-, Wein- und andere Kisten, alte Wäsche- und andere Körbe bieten ebenfalls begehrten Stauraum.

Schluss mit dem Dämmerschlaf! Textilien bringen Muster und Farben ins Haus. Flohmärkte und Trödelläden sind Schatztruhen voller Vorhänge, Decken, Spitzen, Schals, Geschirrtücher und Stoffreste. Und all das in den unterschiedlichsten Materialien und Qualitäten. Auch der einfallsreiche Einsatz von Tapetenresten kann einiges bewirken.

Muster und Farben

LINKS **Streifen auf Kissen und Überwurf geben einem alten Sofa einen frischen Look. Ein Patchwork aus Tapetenresten schmückt die Wand dahinter.**

OBEN **Wenn Ihnen die Form eines Sessels gefällt, lassen Sie sich nicht von seinem Bezug abschrecken; er lässt sich auswechseln.**

Wie leicht lässt sich ein unscheinbarer Gegenstand mit Farben und Mustern von Stoffen und Tapeten oder durch einen neuen Anstrich in ein Prunkstück verwandeln! Stellen Sie sich eine Wand mit Mustern aus dem Tapetenbuch beklebt vor. Oder führen Sie sich vor Augen, wie sich ein schlichtes Schlafzimmer mit gusseisernem Bett, weißer Überdecke und einem alten Kleiderschrank verwandeln lässt: Ein buntes Kissen auf dem Bett, und schon wirkt der Raum freundlicher und erhält einen Mittelpunkt. Darin liegt die geheime Kraft der Farben und Muster.

Bei Mustern ist weniger oft mehr. Meist kommen sie in einem ruhigen Umfeld besser zur Geltung. Wenn ein bunt gemustertes Chintzsofa der Blickfang des Wohnzimmers sein soll, achten Sie auf einen schlichten Hintergrund. Wenn Sie dagegen eine Tapetenrolle mit geometrischem Muster für sich entdeckt haben, sorgen Sie dafür, dass das Sofa davor neutral gehalten ist.

Bei der Zusammenstellung von Farben bieten drei Prinzipien Orientierung: Kontrast (z. B. Rot und Blau, Türkis und Orange), Ton in Ton (z. B. Khaki, Grau- und Lindgrün oder Kobalt-, Kornblumen- und Himmelblau) oder Harmonie (z. B. Orange und Rubinrot oder Schokoladenbraun und Violett).

Den Bezugspunkt für die Wahl der Farbpalette kann eine alte Blümchentapete, ein rotes Ledersofa, eine orangefarbene Vase oder ein anderes Fundstück bilden; oder man wählt zuerst die Farbe der Wände und sucht dann die dazu passenden Accessoires. Haben Sie sich bei den Wänden z. B. für ein frisches Grün entschieden, werden Sie sich vielleicht auf die Suche nach natürlichen oder von der Natur inspirierten Objekten machen, sei es ein nussbraunes Ledersofa, ein Spiegel mit Holzrahmen oder eine großblättrige Grünpflanze im Terrakotta-Topf.

Helle Wandfarben lassen kleine Räume größer erscheinen, während durch einen dunklen Anstrich die Wände optisch zusammenrücken. Daran sollten Sie denken, bevor Sie Wände oder den Fußboden (die größten Flächen im Raum) mit Farbe versehen und damit den Gesamteindruck eines Zimmers verändern.

Secondhand-Wandbehänge und -Tapeten lassen Ihre Räume wie neu erscheinen. Nachdem in den 1990ern fast alle Innenräume weiß gestrichen wurden, erleben Tapeten heute ein Come-

OBEN **Ein Stapel gemusterter Stoffe lenkt die Blicke auf sich.**

LINKS Der Clou jedes Outfits sind die Accessoires, das gilt auch für Sofa und Bett. Hier setzen drei Kissen aus alten Seidentüchern auf einem weißen Bett Akzente.

DIESE SEITE Harte Holzstühle wirken mit bunten Sitzkissen auch fürs Auge weicher. Sorgsam ausgewählte Stoffreste vom Flohmarkt genügen, um ein harmonisches Ensemble aus verschiedenen Blumenmustern zusammenzustellen.

ORDINARY PORTLAND CEMENT

LINKS Diese schöne Stoffbahn, die vor Zugluft schützt, ist ein Kunstwerk für sich. Das weiße Spitzentuch vorm Fenster lässt die schwarz gestrichene Tür gleich viel weicher aussehen.

RECHTS Ein geblümtes Seidentuch, das mit Kieseln vom Strand an seinem Platz gehalten wird, bietet einen durchscheinenden Sichtschutz.

Damit der Raum nicht zu unruhig wirkt, tapezieren Sie nur eine Wand und streichen die anderen einfarbig.

LINKS Werden Sie kreativ: Trennwände und Gardinen aus Flohmarktfunden fallen aus dem Rahmen. Das Patchwork aus lose aneinander gesteckten Seidentüchern bildet einen Gegenpol zur kühlen Ausstrahlung eines früheren Lagerraums. In Postfächern aus Metall warten ganze Stapel von alten Stoffen auf neue Nutzung.

back – und damit auch Farbe, Muster und manchmal Struktur. Damit ein Raum nicht zu unruhig wirkt, kann man eine Wand tapezieren und die anderen in einer neutralen Farbe streichen. Manchmal werden Sie auf Tapeten stoßen, die nicht für eine ganze Wand ausreichen. Dann können Sie nach einer passenden zweiten Tapete Ausschau halten und die Bahnen abwechselnd kleben. Einige Tapetenmuster sind, großflächig verklebt, vielleicht zu aufdringlich, doch wenn Ihnen ein Dessin gefällt oder Sie auf ein schönes Stück Geschenkpapier stoßen, können Sie auch andere Oberflächen damit aufpeppen – von Kartei- und Aufbewahrungskästen über Schranktüren und Kopfteile von Betten bis zu den Außenflächen von Einbauschränken im Bad. Alte handgemalte Tapeten sind manchmal kleine Kunstwerke, die es verdienen, gerahmt zu werden, oder man beklebt Leinwand damit.

Auch stilvolle Fußbodenbeläge findet man auf dem Flohmarkt. Meist kommen solche Einzelstücke auf einem hellen bzw. weiß gestrichenen Holzfußboden am besten zur Geltung. Wer gern über Muster läuft, wählt einen türkischen Kelim oder indischen Dhurry, doch auch schwere Decken kann man

OBEN LINKS Applizieren Sie auf schlichte Kissen handgearbeitete alte Spitze; sie erhalten so Tiefe und Struktur.

OBEN Dicke Wolldecken lieferten den strapazierfähigen Bezug für diesen Sessel. Der große Langettenstich setzt einen rustikalen Akzent.

LINKS Diese beiden Sessel sahen reichlich mitgenommen aus, bevor sie einen neuen Bezug aus karierten Wolldecken erhielten.

auf dem Boden ausbreiten, und ein schöner, aber zu großer Teppich lässt sich zu einem Läufer stutzen. Tierfelle fühlen sich unter den Füßen herrlich weich an – halten Sie Ausschau nach Schaf-, Kuh- oder Ziegenfellen.

Viele Flohmarktstoffe sind von höchster Qualität, z. B. altes Leinen und robuste Baumwolle, dicke Wolldecken und handgearbeitete Spitze. Besonders strapazierfähig sind Stoffe aus Naturfasern. Einige Stücke mögen ein wenig fadenscheinig, ausgefranst oder ausgeblichen sein, sorgen aber manchmal gerade deshalb für Behaglichkeit.

Nicht nur solche haltbaren Stoffe, auch einige Dessins sind zeitlos, so z. B. Tupfen, Streifen, Karos, Blumen-, Loch- und geometrische Muster oder

RECHTS Alte durchbrochene Tischdecken wirken als Stores besonders zart. Sie dunkeln das Zimmer nicht ab, schützen aber vor neugierigen Blicken.

UNTEN Abendkleider mit Strassstickerei lieferten den Stoff für diese Kissenbezüge, die dem mit schlichtem Leinenstoff bezogenen Sessel etwas Glamouröses geben.

Animalprints. Manche Muster passen gut zueinander, obwohl sie aus verschiedenen Epochen stammen (etwa ein Art-déco-Stoff und ein Stoff aus den 1950ern, ein Karo aus den 1970ern und ein Blumenmuster aus den 1930ern), und sehen auch neben modernen Dessins fantastisch aus. Wie bei der Farbe gilt auch hier, dass sich ähnliche, aber auch ganz unterschiedliche Muster kombinieren lassen: Ein Mix aus Tupfen, Streifen und einem geometrischen Muster wirkt frech und gewagt. Doch auch gemusterte Stoffe brauchen meist eine schlichte Umgebung, um zur Geltung zu kommen. Eine Sammlung herrlich

Schwere Decken und Schaf-, Kuh- oder Ziegenfelle fühlen sich unter den Füßen herrlich weich an.

bunter Kissen entfaltet die größte Wirkung auf einem weißen Sofa, eine Patchwork-Überdecke neben Kopfkissen aus weißem Leinen.

Bei der Suche nach Stoffen sollten Sie auch Secondhand-Kleiderläden nicht außer Acht lassen. Lange Kleider bieten viel Stoff, der sich gut wiederverwenden lässt. Wenn Sie Filz selbst herstellen wollen, kaufen Sie einen Haufen alter Wollpullover, und waschen Sie sie möglichst heiß. Daraus lassen sich problemlos Kissenbezüge oder Patchwork-Decken für den Winter herstellen.

Auch nach Ponchos und Umhängetüchern können Sie Ausschau halten, denn sie lassen sich ebenso gut über ein Sofa oder einen Sessel drapieren wie über die Schulter. Man kann Kissenbezüge ebenso daraus fertigen wie aus Seidentüchern – die

RECHTS Kombinieren Sie traditionelle Paisley-, Blumen-, Karo- und Streifenmuster, und Ihr Heim erhält einen Landhaus-Touch.

GROSSES BILD Dass ein Tuch mit Tupfen-, ein anderes mit geometrischem Muster, eine Häkeldecke und Kissen mit Blumenmustern zusammenpassen können, hätten Sie vielleicht nicht für möglich gehalten. Dieses Ensemble beweist es.

RECHTS Fertigen Sie sich Ihre Patchworkdecke aus ausrangierter Babykleidung, alten Kleidern, Tüchern und Vorhängen selbst. Ein Bettvolant aus einem Tischtuch oder einem Stoffrest von der Rolle setzt den passenden Farbakzent.

LINKS Narbige Tischflächen lassen sich leicht unter Stoffbahnen verstecken. Alte Leinenlaken und Tagesdecken aus indischer Baumwolle haben den Vorteil, dass sie sich gut waschen lassen.

RECHTS Alte Geschirrtücher aus strapazierfähigem Leinen tauchen oft auf Flohmärkten auf, auch in attraktiven Retrodessins.

übrigens auf einem schlichten Nachttisch gut aussehen können. Ein schwarzer Spitzenschal vor dem Fenster sorgt für schönes, diffuses Licht. Wer keine Zeit zum Nähen findet, kann die Änderungsschneiderei um die Ecke beauftragen. Kissenbezüge etwa sind schnell genäht und kosten nicht viel.

Konventionellere Secondhand-Fundstücke wie Vorhänge, Tagesdecken fürs Bett und Tischdecken werden in Ihrem Zuhause leicht Verwendung finden. Ob Ihr großes Sofa durchgescheuert oder fleckig ist oder der Bezug Ihnen trist erscheint: Verstecken Sie das gute Stück einfach unter einer alten Tagesdecke, oder hüllen Sie es in zwei Vorhangschals vollständig ein. Alte Tagesdecken aus indischen Baumwollstoffen geben auch originelle Tisch- und Picknickdecken ab.

Plüschvorhänge aus rotem Samt, wie sie in den 1980ern in Mode waren, lassen sich zu Tagesdecken umfunktionieren. In Winternächten bleibt eine solche Decke auf dem Bett liegen, wenn man hineinschlüpft, denn schwerer Samt schützt vor Kälte. Ein Patchwork aus Samtstoffen eignet sich zudem als auffälliger Wandbehang im Wohn- oder als improvisierter Vorhang im Kinderzimmer.

Vor allem lohnt es, nach altem Leinen Ausschau zu halten. Einst gehütete Erbstücke aus diesem einzigartigen, robusten Stoff tauchen häufig auf Antikmärkten auf. Wenn Sie ein altes Bettlaken aus Leinen auftreiben, das fadenscheinige Stellen aufweist, zerschneiden Sie es einfach und machen Geschirrtücher daraus. Verfahren Sie wie einst die sparsame Hausfrau: Auch Taschentücher und Putzlumpen fürs Fenster lassen sich daraus herstellen. Alte Leinentischtücher sind oftmals mit handgearbeiteter Spitze gesäumt. Vors Fenster gehängt, geben sie perfekte Jalousien ab: Sie lassen ausreichend Tageslicht in den Raum und halten doch fremde Blicke fern. Auch Kunst lässt sich aus Textilien zaubern: Spannen Sie ein schönes Stück Stoff in einen Rahmen, oder schaffen Sie aus einer Schneiderpuppe und einem tollen Kleid eine Skulptur.

Hüllen Sie Ihr großes durchgescheuertes oder fleckiges Sofa in Vorhangschals ein, oder verstecken Sie es unter einer alten Tagesdecke.

LINKS **Textilien lassen Innenräume freundlicher und kuscheliger wirken, wie man hier an einer lässig über die Armlehne geworfenen Decke sieht. Bunte Folkloremuster sind, wie die großen Spiralformen in leuchtenden Farben auf dem Vorhangstoff im Hintergrund, typisch für den Stil der 1960er Jahre.**

OBEN **Gehäkelte Überdecken sorgen für Wärme, auch im atmosphärischen Sinn. Sie eignen sich für Sofas, Sessel, Liegen und Betten.**

DIESE SEITE Vom angelaufenen Silberbecher über das antike Riechfläschchen bis zum Briefumschlag aus einem alten Notenblatt – diese Stücke scheinen allesamt aus einer anderen Welt zu stammen. Sie haben eine ähnliche Ausstrahlung und bilden daher ein schönes Ensemble.

RECHTS Sodasiphons aus Grün- oder Weißglas findet man auf Märkten häufig.

UNTEN Kreieren Sie einen glitzernden Strauß, indem Sie Stofffetzen um biegsame Drähte wickeln, und arrangieren Sie die Kunstblumen mit Glastropfen von Lüstern in einer gedrungenen Vase.

Glas und Keramik sind die Schmuckstücke jeder Wohnung. So, wie ein kleines Schwarzes sich mit einem Rubinanhänger dramatisch verwandeln lässt, genügt oft eine rote Vase, damit ein graues Zimmer lebendig wirkt.

Glas und Keramik

Nutzen Sie Glas und Keramik, um Glanz und Schönheit in Ihr Zuhause zu bringen. Stellen Sie sich vor, wie es vor dem Fenster funkelt, wenn Parfümflacons auf der Fensterbank aufgereiht sind, und wie der Tisch erstrahlt, wenn in marokkanischen Teegläsern Teelichte glimmen. Lassen Sie sich von formschönen Schalen, eleganten Vasen und Kerzenleuchtern, hübschen Keramiktöpfen, zarten Gläsern und edlen Tellern verführen und von einem Marktstand zum nächsten locken. Unzählige Schätze warten nur darauf, von Ihnen gehoben zu werden.

Betagte Fundstücke dieser Art sind sehr en vogue, wie ein Blick in die Wohnzeitschriften zeigt: Einst geschätzte Glas- und Keramikwaren sind heute wieder heiß begehrt. Zarte handbemalte Teetassen, Kuchenplatten aus Kristallglas und futuristi-

OBEN Setzt man sie in Gefäße aus Buntglas oder Keramik, dann lenken auch Küchenkräuter den Blick auf sich.

LINKS Die großen, plastisch gestalteten Vasen haben eine morbide Vergangenheit: Sie stammen vom Friedhof. Mit Hortensien auf einem Esstisch arrangiert, strahlen sie Lebensfreude aus.

KLEINES BILD LINKS Die Vase in Form einer griechischen Amphore wirkt durch den Strauß sonnengelber Rosen frisch und modern.

RECHTS Ungewöhnliche Blumen verleihen altmodischen Vasen eine ganz neue Ausstrahlung.

GANZ LINKS UND LINKS Alte Gegenstände aus Glas und Keramik verschönern den Alltag – z. B., wenn man das Dessert in Bechern aus Buntglas serviert und Salz und Pfeffer nicht im Streuer, sondern in winzigen Glastellern bereitstellt. Die Schale auf dem Bild ganz links ist aus Pressglas und stammt aus Kopenhagen. Solche Stücke findet man natürlich nicht überall.

Lassen Sie sich von Schalen, Vasen und Kerzenleuchtern, zarten Gläsern und schönen Tellern verführen und von Stand zu Stand locken.

sche Vasen aus den 1950ern wechseln auf Märkten im Handumdrehen den Besitzer und verdrängen in vielen Wohnungen und Häusern ihre modernen Pendants. Vielleicht liegt das daran, dass sie in die stromlinienförmigen Einrichtungen von heute einen Hauch Seele bringen oder eine Kunstfertigkeit aufweisen, die im Zeitalter der Massenproduktion verlorengegangen ist.

Aus dem Angebot einer Vielzahl von Stilen aus verschiedenen Zeiten werden Sie gewiss ein Stück herausangeln, das Ihrem Geschmack entspricht. Bei Blumentöpfen z. B. reicht die Palette von klotzig-klobigen aus den 1950ern bis zu römisch-antiken. Wer auch in ästhetischen Fragen global denkt, bringt traditionelle englische Wedgwood-Teller in Zartblau und Weiß (die zudem wertvoll sein können) mit aquamarin glasierten Tagines aus Marokko zusammen. Liebhaber des Countrylooks kommen bei Vasen mit Blumen- und Keramik mit Streifenmuster ins Schwärmen. Wenn Sie es eher minimalistisch mögen, stöbern Sie nach einem Teeservice im japanischen Stil oder einer schlichten blassgrünen Reisschale, damit die Fensterbank nicht gar so nackt aussieht.

RECHTS Stellen Sie Ihre Schätze aus Glas so aus, dass sie angemessen bewundert werden können. Diese Sammlung von Gläsern steht auf einfachen Glasscheiben und wurde so plaziert, dass das Sonnenlicht sich vielfach darin bricht und einen schlichten Raum zum Leuchten bringt.

Auch hier lässt sich manches Stück umfunktionieren: In großen Chinavasen kann man einiges verstauen, Vasen mit schlankem Hals können als Kerzenständer dienen und zierliche Milchkannen Tischabfall aufnehmen. In alte Marmeladengläser, Dessertschalen oder Weinkelche aus Buntglas stellt man eine Kerze, und schon hat man eine Laterne. Besonders große Behälter – wie eine chinesische Vase oder ein arabischer Tontopf – lassen sich auch als Schirmständer nutzen.

Viele Funde aus Glas und Keramik bieten sich als Blumenvasen an. Große Blüten in zarten Tassen, wenige Gerbera in einer Weinkaraffe, eine Nelkenblüte im Eierbecher oder rosa Rosen in einem orientalischen Teeglas – mit Blumen lassen sich aparte Kombinationen kreieren. Ziehen Sie auf der Fensterbank Petersilie, Dill, Basilikum und andere Küchenkräuter in alten Milchkrügen, Weckgläsern, Teekannen und -kesseln oder Trinkbechern heran; pflanzen Sie einen Farn in einen irdenen Nachttopf oder ein paar Gräser in eine niedrige Vase. Bei Grünpflanzen, die ständig Wasser brauchen, sollten Sie Löcher in den Behälterboden bohren und ihn auf eine ausrangierte Untertasse oder einen Essteller stellen.

Alte Fliesen sind ein Muss. Wenn ein Haus den Besitzer wechselt, werden im Zuge der Modernisierung häufig die alten Fliesen entfernt, und beim Trödler stößt man häufig auf liebevoll gefertigte Einzelstücke. Delfter Kacheln und traditionelle Terrakottafliesen, aber auch Stücke mit geometrischen Mustern aus den 1970ern gehören zu den Klassikern. Da sie hitzebeständig sind, eignen sie sich hervorragend als Untersetzer oder Warmhalteplatten. Wenn Sie genügend Fliesen finden, die vom Muster her zueinander passen oder für einen Mix mit modernen Fliesen geeignet sind, setzen Sie sie am Herd als Spritzschutz oder im Bad als Blick-

LINKS Wunderbar kitschig: Hier wurde eine Keramikskulptur, die von Ferne an einen japanischen Bonsai erinnert, mit Schmuck behängt. Die Besitzerin stellt so ihren originellen Ohrschmuck zur Schau.

Eine Wand mit Tellern, eine Ablage mit Teekannen oder Milchkännchen auf der Fensterbank sind ein hübscher Blickfang.

OBEN Alte Gefäße neu genutzt: Aus den dänischen Kelchgläsern mit Goldrand wird nicht mehr getrunken, sie dienen heute als Vasen.

LINKS Diese Parfümflacons sind zwar angeschlagen, doch noch lange nicht reif für den Glascontainer, im Gegenteil: Damit ihre schöne Gestalt in ihrem neuen Leben zur Geltung kommt, wurden sie reich mit Schmuck behängt.

OBEN RECHTS Schöne Kelche, Schalen und Teller aus Glas, so auch dieser zarte Trinkbecher, lassen sich zu Kerzenhaltern umwidmen.

fang ein. Denken Sie beim Kauf daran, dass einzelne Kacheln häufig eine größere Wirkung entfalten als mehrere. Geben Sie ihnen genug Raum, indem Sie z. B. eine weiße Wand damit schmücken.

Wenn Sie ein Ensemble für die Fensterbank oder die Ablage suchen, sollten Sie Gegenstände von unterschiedlicher Größe und Höhe kaufen und sie nach dem Prinzip eines Familienfotos arrangieren: die kleinen vorn, die großen hinten. Kombinieren Sie glatte mit rauen, durchscheinende mit matten Oberflächen, und sorgen Sie für Farbkontraste. Die meisten Sammlungen wachsen ganz organisch, sobald Sie ein Gespür für sie entwickelt und Geschmack an einem bestimmten Stil gefunden haben.

Von den Servierplatten im Wandregal bis zur silbernen Kaffeekanne auf dem Tisch – der Anblick dieser schönen Sammlung macht Lust, gleich zum nächsten Antikmarkt zu eilen und die Stände nach klassischen Stücken zu durchkämmen.

RECHTS Nur selten findet man auf Märkten einen ganzen Satz Teller. Stellen Sie sich Ihr Essservice lieber aus hübschen Einzelstücken zusammen.

Große Kupfertöpfe, Kuchenständer aus Kristallglas, winzige goldene Salzfässchen mit feinen Löffeln und massives Tafelsilber waren einst so sehr geschätzt, dass sie über Generationen weitervererbt wurden – heute findet man sie auf Flohmärkten.

Geschirr und Co.

UNTEN Zur Aufbewahrung von Zucker, Mehl, Reis, Nudeln und anderen Lebensmitteln bieten sich bunte Dosen an; hier eine Sammlung aus Blech im Retrostil.

Früher waren das Kochen, das Servieren und der Verzehr von Speisen eine ernsthafte Angelegenheit. Brauchte man einst in der Regel sechzig Minuten, um eine warme Mahlzeit zu bereiten, werden heute durchschnittlich nur noch 13 Minuten darauf verwendet. Für alle, die Flohmärkte (und gutes Essen) schätzen, ist die früher so aufwendige Zubereitung ein Segen, denn sie hat uns schöne alte Gerätschaften beschert, die heute auf Flohmärkten angeboten werden. Viele Gegenstände haben die Zeiten überdauert, weil sie von hoher Qualität sind: Eine von Hand bemalte Porzellantasse stellt jeden industriell gefertigten Becher in den Schatten, und einem von Hand beschlagenen Silberlöffel mit einem kleinen Fehler haftet etwas Menschliches an – kein Besteckstück vom Fließband, so perfekt es auch aussehen mag, kann sich damit messen. Altes Geschirr und Besteck bieten beim Abendessen endlosen Gesprächsstoff. Allein das Aufstöbern eines besonderen Stücks ist oft eine Geschichte für sich.

Zudem können Fundstücke zu kulinarischen Experimenten verleiten. Ein Fondueset und Schälchen in Herzform schreien geradezu nach einem Essen im Stil der 1970er Jahre. Und servieren Sie das Essen doch einmal auf unterschiedlichen Platten. Auch die Teller müssen nicht aus einem Service stammen; stellen Sie stattdessen schöne alte Einzelstücke auf den Tisch, die farblich oder im Muster harmonieren. Besteck gibt es auf Märkten ebenfalls in Hülle und Fülle. Wählen Sie Stücke in ähnlichem Stil, und halten Sie besonders Ausschau nach Besteck und Küchengeräten mit Griffen aus Elfenbein – die lie-

gen gut in der Hand (mögen aber keine Geschirrspülmaschinen!).

Passionierte Biertrinker freuen sich, wenn sie ihr Lieblingsgetränk aus alten Glaspokalen, Tulpen oder zünftigen Humpen trinken können. Durchkämmen Sie Märkte auch nach ähnlich geformten Weingläsern, z. B. langstieligen Kelchen für Rotwein. Sogar Champagnerschalen à la *Frühstück bei Tiffany* sind auf Märkten schon gesichtet worden. Diese herrlichen Gläser kamen aus der Mode, weil Schaumwein in Sektflöten länger perlt. Doch wenn Sie ohnehin der Ansicht sind, dass Champagner sofort nach dem Einschenken getrunken werden

LINKE SEITE UND OBEN Wenn Sie erst einmal angefangen haben, schöne Einzelstücke zu sammeln, werden Ihre Schränke bald aus allen Nähten platzen. Diese Sammlung lässt Schwerpunkte erkennen, etwa Reisschalen im fernöstlichen Stil und Tassen in Pastelltönen aus den 1950ern.

sollte, lassen Sie für solche Schalen gern etwas springen. Machen Sie sich auf die Jagd nach Eiskühlern und -zangen, Sherrykaraffen, Weinkühlern, Kellnerkorkenziehern und Flaschenöffnern.

Dass solche alten Gegenstände ein Comeback erleben, liegt auch daran, dass man sich wieder darauf besinnt, besondere Anlässe, etwa einen Geburtstag, mit einem Frühstück, Kaffeetrinken oder Abendessen in großer Runde zu feiern. Kaffeeliebhaber werden auf Flohmärkten garantiert fündig, wenn sie sich auf die Suche nach Retrobechern, Sammeltassen, alten Kaffeemaschinen und -mühlen begeben. Vielleicht spüren sie auch die

RECHTS Jahrelang hat dieser Sammler denselben Flohmarkt in Brüssel besucht. Seine Sammlung ist eklektisch, die Stücke stammen aus verschiedenen Zeiten, haben unterschiedliche Größen, Formen und Farben. Doch auch er hat ähnliche Teile zusammen gruppiert und war stets auf der Jagd nach Stücken aus demselben Service.

Altes Porzellan und Glas erlebt ein Comeback, seit man sich darauf besinnt, besondere Anlässe wieder mit einem Essen oder Kaffeetrinken in großer Runde zu feiern.

LINKE SEITE UND LINKS Nach einer Scheidung tauchen viele Tassen als Singles auf Märkten auf, doch sie lassen sich problemlos wiederverheiraten: Zwei Tassen mit Blumenmuster harmonieren gut, und zur Goldrandtasse passt die Goldranduntertasse. Tassen ohne Untertasse können aber auch als kleine Vasen oder Lämpchen dienen: Stellen Sie einfach eine Blume oder Kerze hinein.

RECHTS OBEN UND RECHTS Für passionierte Bäcker sind Flohmarktbesuche ein Fest. Von alten Messlöffeln bis zu figurativen Kuchen- und Ausstechformen finden Sie viele einst heiß geliebte Backutensilien.

ultimative Markenkaffeedose oder ein schönes Milch-und-Zucker-Set auf. Für Teetrinker gilt Ähnliches: Sie können aus einer Vielzahl von Kannen, Milchkrügen, feinen Zuckerschälchen, -zangen und -streuern das herausangeln, was ihnen am besten gefällt. Große Auswahl besteht bei Tassen, auch wenn die Wahrscheinlichkeit, einen ganzen Satz zu finden, gering ist. Suchen Sie daher nach zueinander passenden Einzelstücken, z. B. Porzellantassen mit Goldrand oder zartem Blumenmuster.

Große Holzlöffel, Kupferkessel, Schöpfkellen, Ausstechformen, Eisportionierer, Nudelrollen, Nussknacker und – mit etwas Glück – alte Waagen gehören zu den Kochgeräten, die sich auf Märkten mühelos finden lassen; Ähnliches gilt für Mehlsiebe, Messlöffel, Dampfkochtöpfe und Saftpressen aus Glas.

Es wäre allerdings schade, wenn Sie all Ihre schönen Funde im Schrank verstecken würden. Stellen Sie Servierplatten ins Tellerregal, und hängen Sie alte Kupferpfannen und -töpfe an Fleischerhaken.

Richten Sie einen Strahler auf eine elegante Vase, oder erleuchten Sie ein dunkles Zimmer mit einer einzigen nackten Flamme – und beobachten Sie, wie der Raum zu neuem Leben erwacht.

Beleuchtung

LINKS Die beiden Hängelampen, die an fernöstliche Lampions erinnern, definieren in einem offenen Durchgangsraum den Essplatz. Bei dem »Meisterwerk« an der Wand handelt es sich um ein altes Stück Linoleum, das mit großen Klammern an Nägeln befestigt wurde.

RECHTS Wandlampen mit Glastropfendekor und gefältelten goldenen Schirmen lenken bei Tag die Aufmerksamkeit auf sich und spenden am Abend ein warmes Licht, das ein gravierter Spiegel reflektiert.

Fangen wir mit dem Praktischen an: Beim Einkaufen können Sie nach drei Arten von Innenleuchten Ausschau halten: Wollen Sie an langen, dunklen Winterabenden einen ganzen Raum erleuchten, brauchen Sie gezieltes Licht für eine bestimmte Tätigkeit, oder wollen Sie mit der Wahl einer Lampe ästhetische Akzente setzen?

Beim Kauf einer Secondhand-Lampe sollten Sie zunächst prüfen, inwieweit sie intakt ist: Sind die Kabel unbeschädigt und die Stecker nicht verbogen? Wenn Sie Zweifel haben, lassen Sie sie von einem Elektriker prüfen, mit neuen Kabeln versehen und gegebenenfalls auch anschließen.

Bei der Wahl von Lampen, die einen Raum erleuchten sollen, achten Sie auf dessen Größe und Form sowie darauf, wie er genutzt wird. Im Wohnzimmer wollen Sie sich entspannen oder plaudern, deshalb sind dort Lampen mit weichem, schmeichelndem Licht ideal; Sie möchten ja nicht, dass hier eine Atmosphäre wie im Krankenhaus herrscht. Wenn Ihr Wohnzimmer eher schlauchförmig ist, können Sie mit Licht optische Effekte erzielen – Wandlampen z. B., die einen Streifen Licht an die Wand werfen, lassen Räume breiter erscheinen. Pendel- oder große Hängeleuchten sollten Sie nur in großen Räumen aufhängen, denn sie lenken den Blick nach unten und lassen die Decke niedriger erscheinen.

Für die Raumbeleuchtung bieten sich Decken- oder Wandleuchten, aber auch Hängelampen mit oder ohne Schirm an. Wandlampen aus den verschiedensten Zeiten tauchen auf Flohmärkten häufig auf, denn viele Menschen nehmen sie bei einem Umzug nicht mit. Ausrangierte Fabrik- oder Büroleuchten sind ebenfalls in großer Auswahl zu fin-

den, bedürfen aber gelegentlich einer gewissen Auffrischung: Mal muss ein Ständer ersetzt, mal ein Schirm neu gestrichen werden. Lampenschirme, deren Form Ihnen gefällt, können Sie mit altem Stoff neu bespannen oder mit Bändern, Knöpfen, Litzen oder Kunstblumen verschönern.

Ein Flohmarktklassiker ist der Kronleuchter. Einige kommen mit Putten daher, andere mit falschen Kerzen und flammenförmigen Glühbirnen; am schönsten sind natürlich Lüster aus funkelndem Kristall, die jedem Raum einen luxuriösen Touch verleihen.

OBEN Sorgen Sie für gutes Licht bei der Bettlektüre, ob mit einer Scherengitterlampe aus einem Büro oder einer Stehlampe; beide sollten sich so ausrichten lassen, dass das Licht aufs Buch fällt.

LINKS Eine Stehlampe mit industriellem Touch passt zum asketischen Stil dieses Arbeitsplatzes. Angestoßen und angeschlagen, wie sie ist, ergänzt sie das Ensemble aus Tisch und teilweise abgeschmirgeltem Stuhl.

RECHTS An der Stuhllehne befestigt, wird eine Schreibtisch-Klemmleuchte zur originellen Leselampe.

LINKS Zarte, an Metallstäben baumelnde Glastropfen umspielen eine Industrieleuchte und zaubern so einen Lüster. Auch bunte Perlen, Bänder oder Blumengirlanden kann man so verwenden.

UNTEN Lampen in Form von Sträußen aus Metallblumen waren in den 1950ern kurz in Mode und lassen sich heute gelegentlich auf Flohmärkten entdecken.

RECHTS Wer es weltgewandt liebt, für den ist diese Lampe aus Marokko vielleicht das Richtige.

Geht es um Licht für bestimmte Tätigkeiten, dann sollten Sie sich davon leiten lassen, welche Lampe für welche Aufgabe am besten geeignet ist. Wenn Sie für den häuslichen Schreibtisch eine Gelenkleuchte entdeckt haben, prüfen Sie, ob die Federn intakt sind, sonst hängt die Lampe entweder schlapp herunter, oder ihre Glieder lassen sich kaum bewegen. Fürs Lesen im Wohnzimmer eignen sich Stehleuchten am besten (oder verstellbare Strahler an der Wand) und im Schlafzimmer eine Nachttischlampe. Kleben Sie nicht am Gewohnten – auch eine alte Schreibtischlampe tut hier ihre Dienste. Tischlampen lassen sich nach eigenen Wünschen gestal-

ten: Kombinieren Sie einen antiken Eisenfuß mit einem schrillen Schirm aus den 1950ern, oder schmücken Sie einen schweren Holzfuß mit einem gefältelten Schirm in einem zarten Pastellton.

Setzen Sie mit der Beleuchtung Akzente. Werfen Sie ein Schlaglicht auf Möbel und Gegenstände, die es Ihnen besonders angetan haben, oder richten Sie einen Strahler auf Ihr Lieblingsgemälde. Oder Sie stellen eine alte Lampe einfach auf, weil sie Ihnen gefällt. Wenn Ihnen an der vornehmen Ausstrahlung eines Lüsters liegt, Sie aber keine Lust haben, ihn anzuschließen, hängen Sie ihn einfach in Fensternähe auf – dort reflektiert er das Tageslicht.

Diamonds are a girl's best friend **– ob ein elektrischer Lüster oder ein Kerzenleuchter mit Kristallglas wie hier abgebildet: kostbarer, glitzernder Schmuck verschönt jedes Zimmer.**

Reichverzierte Gaslampen, die vorgestern in Mode waren, sehen auch heute gut aus – wie andere antike Lampen. Lieben Sie eine romantische, märchenhafte Atmosphäre, dann halten Sie nach Lichterketten Ausschau. Vielleicht müssen Sie ein paar neue Birnen einsetzen oder fehlendes Dekor durch künstliche Blumen oder falsche Schmetterlinge ersetzen. Solche Ketten geben nicht nur einen hübschen Rahmen für Bilder ab.

Ihre Begeisterung für Secondhand-Lampen werden Sie in den Zimmern zum Ausdruck bringen; aber auch die Diele, der Korridor und das Treppenhaus müssen kein Schattendasein führen. Treppenaufgänge etwa können Sie mit verschiedenen Lampen vom Flohmarkt bestücken oder eine Lichterkette von Stufe zu Stufe führen. Sie wissen ja: Der erste Eindruck ist entscheidend. Setzen Sie deshalb den Eingangsbereich Ihres Domizils ins rechte Licht – ob mit einem Kronleuchter, dem Sie eine individuelle Note verliehen haben, oder mit einer ins Auge fallenden Stehlampe, deren Schirm ein geometrisches Muster ziert.

Kerzenlicht bleibt allzeit modern. Auf Flohmärkten finden Sie viele schöne Gegenstände, in die Sie Kerzen hineinstellen können, seien es alte Sturmlaternen, Petroleumleuchten oder silberne Kandelaber. Entdecken Sie farbige Glasflaschen und Pokale, antike Vasen und gläserne Dessertschalen als ungewöhnliche Kerzenhalter, mit denen sich eine magische Atmosphäre in Ihre Räume zaubern lässt.

RECHTS **Führen Sie Ihre Fundstücke neu zusammen: Hier haben sich ein blassblauer Lampenfuß und ein Schirm im Design der 1970er Jahre gefunden. Wenn der Fuß einer Lampe in Ordnung ist, der Schirm aber gelitten hat, können Sie ihn mit Tapeten bekleben oder mit Stoff neu bespannen.**

GANZ RECHTS **Lichterketten lassen sich zu bezaubernden Gebilden formen und so an der Wand befestigen.**

Schaffen Sie eine magische Atmosphäre: Stellen Sie am Abend brennende Kerzen auf – als Gruppe in eine Badezimmerecke, in einer Reihe auf dem Kaminsims oder als einzelnes schwimmendes Licht vor dem Fenster.

LINKS **Eine Putte balanciert auf ihrer ausgestreckten Hand einen vierarmigen Kerzenhalter. Der Leuchter bringt altmodischen Glanz in eine moderne, minimalistische Küche.**

LINKS Alles lässt sich sammeln. Diese Kollektion aus ausgestopften Tieren, Fossilien, Korallen, Silberbechern, Kerzenhaltern und Gläsern ist der Gipfel des Eklektizismus.

RECHTS Beflügeln Sie Ihre Fantasie mit bunten Federnsträußen in Gläsern.

Wenn Sie sich für bestimmte Gegenstände besonders begeistern, werden Sie vielleicht mehr als einen davon erwerben, später noch einen ... und noch einen ... Und unversehens sind Sie im Besitz einer Sammlung.

Sammeln und präsentieren

OBEN In einer Vitrine mit Glastür können Sie Ihre Schätze für alle sichtbar präsentieren und vor unerwünschter Berührung schützen.

RECHTS Eine schöne Marienstatue, behängt mit Halsketten; die Bilder im Hintergrund halten Erinnerungen wach.

Beim Sammeln geht es darum, schöne Stücke zusammenzutragen und die eigene Passion zu pflegen. Ob Ihre Liebe nun Ölgemälden, Pfauenfedern, Uniformknöpfen, alten Stoffen, Vasen aus den 1930ern, antikem Schmuck, künstlichen Blumen, Pop-Andenken, Zinnsoldaten oder Gedichtbänden mit Ledereinband gilt – die Jagd danach wird irgendwann zum Selbstzweck. In jedem von uns steckt ein Eichhörnchen, das gern Vorräte anlegt, und der Sammler gibt diesem Trieb mit Vergnügen nach.

Kunstsammler z. B. lieben Märkte, wo ganze Galerien von Bildern auf sie warten. Man kann die Wahl nach Genre – etwa Ölgemälde – oder Thema treffen, also z. B. Landschaften, Blumenbilder oder Hundeporträts sammeln. Solche Schätze sollte man aber nicht einfach da und dort an den üblichen Stellen aufhängen, sondern sie z. B. an einer Wand gruppieren oder im Flur auf dem Boden aufreihen. Wenn die Rahmen Ihrer Kollektion nicht zusammenpassen, nehmen Sie sie einfach ab und klemmen

OBEN LINKS UND OBEN Ölgemälde findet man oft auf Flohmärkten, Malerpaletten seltener. Präsentieren Sie Ihre Kunstschätze vor einer weißen Leinwand.

LINKS Hängen Sie Kunstwerke zur Steigerung der Wirkung in Gruppen zusammen. Die Zwischenräume sollten dabei ausreichend groß sein.

RECHTS Statt in den üblichen Rahmen können Sie Ihre Fotos einfach mit Mehrzweckklammern an Nägeln aufhängen.

LINKS Wenn Sie Ihrem Instinkt folgen und öfter spontan auf verschiedenen Märkten einkaufen, werden Sie vielleicht nach einer Weile feststellen, dass Sie mehrere Stücke zum selben Thema beisammen haben – ähnlich wie diese Sammlung von Hundeporträts.

OBEN Ein alter Stadtplan (wie hier), Tapetenreste, auf Leinwand gezogene Vintage-Stoffe und Linoleumreste – es gibt viele Varianten eines originellen Wandschmucks.

die Bilder mit Mehrzweckklammern an Nägeln an der Wand oder mit Wäscheklammern an einer ausgedienten Wäscheleine fest. Als Alternative können Sie die Rahmen neu streichen oder durch schönere ersetzen, z. B. aus Treibholz.

Wer Fotografien liebt, macht sich auf die Suche nach Landschaften in Schwarzweiß oder alten sepiafarbenen Porträts. Wenn die Sammlung Ihrer Vorfahren nicht genug hergibt, adoptieren Sie einfach weitere Angehörige, indem Sie auf Flohmärkten alte Familienalben kaufen. Auch Postkarten verdienen es, gehortet zu werden. Reihen Sie diese Sammelstücke dann einfach mit Klammern oder Sicherheitsnadeln auf einer Schnur auf, oder pinnen Sie sie collagenartig an die Wand.

Wenn Sie keine Kunstwerke auftreiben, die Ihnen zusagen, schaffen Sie Ihr eigenes Meisterwerk. Hängen Sie z. B. einen alten Goldrahmen auf, und heften Sie innerhalb dieser goldenen Umrandung die Gegenstände, die Sie besonders lieben, an die nackte Wand – ob aufgespießte Schmetterlinge oder falsche oder mit Glitter besprühte Ansteckblumen. Oder Sie kreieren ein eigenes Stillleben aus persönlichen Erinnerungsstücken, etwa Parfümflacons, einst heiß geliebten Spielsachen, getrockneten Blumen oder Münzen, die Sie von Reisen mitgebracht haben.

Wie Gemälde sehen auch Spiegel fantastisch aus, wenn man mehrere zusammen gruppiert – sie verbreiten Glanz und geben Räumen etwas Großzügiges. Selbst Handspiegel sehen, in einer Reihe an der Wand aufgehängt, umwerfend aus. Suchen Sie

Auch Fundstücke aus der Natur tauchen auf Flohmärkten auf – wie Treibholz, Korallen, Seesterne, Fossilien oder Muscheln.

Spiegel in unterschiedlichen Formen, und bringen Sie damit Licht in eine dunkle Ecke, z. B. im Treppenhaus oder in der Diele.

Modebesessene laufen sich auf Flohmärkten die Füße wund nach alten Kleidern, Taschen, Hüten, Schuhen und Stiefeln. Solche Trophäen sollten sich nicht im Schrank verkriechen, sondern verdienen es, ausgestellt zu werden. Sie können z. B. einer Schneiderpuppe Ihr Lieblingskleid überziehen oder einfach Kleidungsstücke, die Sie besonders mögen, an Bügeln in einen offenen Kleiderschrank oder vor die Schranktür hängen. Stellen Sie Ihre Schuhe auf niedrigen Regalen zur Schau, oder gruppieren Sie sie in einer Nische zusammen; Taschen und Hüte, die als Ensemble an Nägeln an der Wand hängen, schaffen Bühnenatmosphäre.

LINKE SEITE LINKS UND MITTE Gestalten Sie mit Flohmarktfunden ein Stillleben auf einem Sideboard. Hier haben ein paar alte Kaffeedosen eine kosmetische Auffrischung erfahren.

LINKE SEITE RECHTS Ziehen Sie einer Schneiderpuppe Teile aus Ihrer Sammlung von Secondhand-Kleidern an, am besten jede Woche andere.

DIESE SEITE Stellen Sie Ihre Fundstücke so auf, wie sie am besten zur Geltung kommen. Treibholzstücke etwa kann man als Holzfiguren zu Gruppen zusammenstellen (großes Bild) oder auf einem Wandregal aufreihen (links).

LINKS UND RECHTS Statt Ihre schönen Kleider, Taschen und Schuhe hinter Schranktüren zu verbergen, sollten Sie ihnen einen Laufsteg bieten: Hängen Sie sie an eine Wandhakenleiste aus Metall oder auf Bügel (am besten stabile Holzbügel).

UNTEN Verstauen Sie Ihre Strümpfe, Unterwäsche und Taschentücher in großen Einkaufstaschen.

RECHTS Füllen Sie schöne kleine Dinge – Federn, Borten, Bänder, Garne und Schnüre, Knöpfe, Sicherheitsnadeln, Modeschmuck – in Marmeladen- oder Einmachgläser, und nutzen Sie sie, um Ihr Zuhause zu verschönern. In diesem Raum dienen offen liegende Heizungsrohre und Mauervorsprünge als Ablage für künstliche Blumen, Lettern und Spielzeug. Fleischerhaken an den Rohren halten u.a. Christbaumschmuck und Halsketten.

Mit Federn, Spitzen, künstlichen Ansteckblumen, Broschen, Bändern, Spangen und Anstecknadeln lassen sich Kissen, Läufer, Lampenschirme und andere Wohnaccessoires schmücken. Geben Sie z. B. einer Stehlampe einen Hauch von Extravaganz, indem Sie ihren Schirm mit exotischen Federn schmücken. Für eine festliche Atmosphäre sorgen Girlanden aus Ansteckblumen. Sie können auch Bänder, künstliche Blumen, Ansteckschmetterlinge und Perlenketten an einfache Drahtkleiderbügel hängen oder heften; wenn Sie mehrere an den Griffen ineinander verhaken, zusammenbinden und an der Decke aufhängen, erhalten Sie ein Mobile fürs Kinderzimmer.

Schmucksammlungen sollten nicht in Kassetten schlummern, sondern offen zur Schau gestellt werden. Bringen Sie Glamour ins Haus, und hängen Sie Perlen- und schimmernde Silberketten an die Wand, an Bilder, Stühle oder Kopfteile von Betten. Funkelnde Glasperlen sehen vor Fenstern und Spiegeln

GANZ LINKS **Von alten Postkarten und Fotos bis zu Spiegeln und Ketten – die Kollektion intimer Bilder und Objekte fügt sich an dieser Wand zu einem originellen Gesamtbild.**

LINKS UND UNTEN **Rosenkränze und Kreuzanhänger, am kunstvoll geschnitzten Aufsatz am Kopfteil des Bettes aufgehängt, verleihen dem Schlafzimmer ein spirituelles Flair.**

aufgereiht oder an Lampenschirmen besonders gut aus, weil sie das Licht reflektieren und kleine bunte Lichtbögen ins Zimmer zaubern.

Zahlreiche Fundstücke aus der Natur tauchen ebenfalls auf Flohmärkten auf – Treibholz, Korallenblüten, Seesterne, Muschelschalen, Fossilien und Halbedelsteine wie Amethyste und vieles mehr. Plazieren Sie sie so, dass man sie bewundern kann, oder schaffen Sie mit ihnen ein Kunstwerk, etwa aus einem Stück Treibholz und einem Foto. Oder bohren Sie in ein solches Naturobjekt mit glatter Oberfläche winzige Löcher, und stecken Sie Räucherstäbchen hinein.

Wer gern auf Floh- und Antikmärkte geht, der bleibt garantiert bei alten Büchern und Zeitschriften stehen, denn hier gibt es immer etwas, was das

RECHTS UND GANZ RECHTS **Weiße Wände geben einen wunderbaren Hintergrund ab, um Fundstücke vom Flohmarkt zu präsentieren – etwa Perlen, Muschelketten, alte Postkarten und handgearbeitete Spitze. Andere Objekte wie getrocknete Blumen und Herbstlaub stammen direkt aus der Natur. Mit solchen schönen, zarten Funden lassen sich individuelle Kunstwerke arrangieren.**

A

パチンコパーラー
バンビ
富の家
かねきや
HORN

K
n

OBEN Auf eine Skulptur in Form einer Hand wurden Ringe gezogen. Die Besitzerin sammelt indische Blechdosen, die sie zu originellen Wandregalen umgestaltet hat.

LINKE SEITE LINKS UND OBEN Aus Lettern von Ladenfassaden und Bleilettern lassen sich interessante Ensembles bilden.

LINKS Selbst Schachteln und Kartons, wie sie hier aufgestapelt sind, können den Grundstock einer Sammlung bilden.

RECHTS OBEN Als Inspirationsquelle für ihre Arbeit hat sich eine Schmuckherstellerin diese Fotosammlung zugelegt.

Herz begehrt – von einer eingestaubten Ausgabe der *Buddenbrooks* von Thomas Mann bis zu alten Micky-Maus-Heften. Sammler alter Zeitschriften können Seiten herausreißen, zu Collagen zusammenfügen und die Wände damit schmücken. Wenn Sie Ihre literarischen Fundstücke effektvoll präsentieren wollen, gibt es eine Alternative zum herkömmlichen Bücherregal oder -schrank: Stapeln Sie sie nach Farben, und plazieren Sie die Türme mit den Buchrücken nach außen auf Treppenstufen.

Experimentieren Sie so lange mit der Art der Präsentation, bis diese zum Geist Ihrer Sammlung passt. Wer sich auf Zerbrechliches wie alte Parfümflacons, Porzellanfiguren oder zarte Teetassen spezialisiert hat, sollte sie vor neugierigen kleinen Fingern schützen und z. B. in Art-déco-Vitrinen mit verschließbaren Glastüren aufbewahren. Wer Erstausgaben von Klassikern sammelt, sollte überlegen, ob sie in einem ähnlich alten Bücherregal aus verwittertem Holz am besten aussehen, oder aber bewusst für Kontrast sorgen und sie in einem modernen Regalsystem aus Kunststoff aufstellen.

Auch Ihre besonders schönen Servierplatten sollten Sie nicht im hintersten Küchenschrank verstecken. Stellen Sie sie hochkant in einem alten Bauernschrank oder einem Vertiko mit Glastüren auf, oder präsentieren Sie sie auf einem hölzernen Tellerregal, ganz wie in alten Zeiten. Halten Sie Ausschau nach einem antiken Teewagen, auf dem Ihre zarten Tassen, Milch- und Teekannen bewundert werden können.

Bei vielen Sammlungen bietet es sich an, sie in üblicher Weise auszustellen, doch häufig erzielen Sie eine größere Wirkung, wenn Sie sie auf unkonventionelle Art präsentieren. Wer sich z. B. in Vasen aus den 1950ern verguckt hat, kann sie wie Soldaten quer über den Tisch in einer Linie aufstellen

und dicke Blüten in die Öffnungen stecken. Oder Sie reihen Ihre Sammlung alter Flaschen auf der Fensterbank auf – in hellem Licht kommen sie besonders gut zur Geltung.

Wenn Sie verrückten Krimskrams sammeln, brauchen Sie etwas, um ihn zu verstauen; legen Sie sich eine entsprechende Sammlung von Kisten und Kästen zu: Kaufen Sie eine Reihe kleiner Lederkoffer, oder bekleben Sie Pappkartons in allen Größen und Formen mit alten Tapetenresten. Auch alte Sportspinde, in denen sich viel aufbewahren lässt, tauchen hin und wieder auf Flohmärkten auf. Wollen Sie Ihre Schätze hingegen offen zur Schau stellen, bieten sich Briefsortierfächer oder gestapelte, nach vorn offene Weinkisten an.

N°5
CHANEL

Raum für Raum

BästBäst
SKA
SPY

Eine Einrichtung vom Flohmarkt verbreitet ganz von selbst eine entspannte Wohlfühlatmosphäre, denn Gegenstände mit Vergangenheit haben ein Leben hinter sich und erzählen ihre Geschichte.

Wohlfühlräume

Textilien – von den Bezügen mit Blumenmuster bis zum Tierfell auf dem Fußboden – setzen einen Gegenakzent zur kühlen Atmosphäre dieser Londoner Fabriketage. Die Guy-Rogers-Liege, das nussbraune Chesterfield-Sofa und alle anderen Möbel wurden ihres klassischen Flairs wegen ausgewählt. Das marokkanische Sitzkissen und der kleine afrikanische Tisch geben dem Ganzen eine eklektische Note.

Bei der Gestaltung eines Wohnraums im Flohmarktstil spielen Fußboden und Wände eine wichtige Rolle. Wenn Möbel mit gemusterten Stoffen zur Einrichtung gehören sollen, streichen Sie die Wände in einer neutralen Farbe, und sorgen Sie dafür, dass der Fußboden einfarbig ist. Wenn der Wohnraum klein ist, setzen Sie auf optische Täuschungen: Helle Wände und Böden lassen ihn größer erscheinen, dunkle Wände bewirken das Gegenteil. Spiegel hellen Räume auf, diesen Effekt sollten Sie nutzen – ob mit einem einzigen großen oder einer Sammlung kleiner Spiegel in unterschiedlichen Stilen.

Wenn Sie Muster mögen, aber auf einen großzügigen Raumeindruck nicht verzichten wollen, bekleben Sie nur eine Wand mit einer alten Tapete und stellen schlichte Möbelstücke davor. Mit einem Tierfell (von Kuh, Ziege oder Schaf) oder einem Läufer (ob indischer Dhurry, persischer Gebets- oder gewebter Kaminteppich) sieht ein Raum wärmer und freundlicher aus, und die Geräusche werden gedämmt. Auch alte, gegebenenfalls gestutzte Teppiche sorgen für einen fußfreundlichen Bodenbelag.

Viele Wohnzimmer haben ein Zentrum, z. B. einen Kamin oder Kachelofen, und zur Sitzgruppe gehört häufig ein niedriger Tisch (das können auch Nierentische, Tische aus ausrangierten Schlafwagen, Retrotische aus Chrom und Glas sein!). Arrangieren Sie Ihre Möbel zu kommunikationsfördernden Gruppen, stellen Sie zwei Sofas einander gegenüber oder Lehnstühle zu einem Kreis zusammen. Wenn Sie nicht gern Schulter an Schulter mit anderen auf dem Sofa sitzen, sorgen Sie

Wenn Sie einen alten Kamin in Ihrem Haus wieder in Betrieb nehmen möchten, sollten Sie den Abzug von einem Schornsteinfeger prüfen und reinigen lassen, bevor Sie ihn zum ersten Mal benutzen.

Als Nächstes kommt es auf die Beleuchtung an. In Wohnräumen brauchen Sie Lampen für verschiedene Zwecke. Das Angebot an Pendelleuchten vom Flohmarkt ist riesig, doch es gibt auch Alternativen, die für gedämpfteres Licht sorgen, z. B. alte Büroleuchten fürs Lesen in der Sofaecke oder Jugendstil-Wandleuchten, die einen Lichtschein auf die Wand werfen. Beide lassen den Raum freundlicher und größer erscheinen. Im Schein einer Flamme wird wohl jedem warm ums Herz – Sie sollten sich daher auf die Suche nach Sturmlaternen oder Kerzenhaltern aller Art machen.

Die wichtigsten Gegenstände im Wohnzimmer sind natürlich die Möbel. Wenn Sie erst einmal ein Sofa aufgespürt haben, das zu Ihnen passt und Ihrem Stil entspricht, werden Sie sich kaum noch davon wegbewegen wollen. Vergessen Sie aber nie, dass man Möbel vor dem Kauf ausprobieren sollte. Ein Sofa z. B. kann gut aussehen, aber wenn Sie sich daraufsetzen, stellen Sie möglicherweise fest, dass Federn herausragen oder der Rahmen gebrochen ist. Wenn Sie gern auf dem Sofa liegen, sollten Sie, bevor Sie zugreifen, unbedingt prüfen, ob die Größe für Sie stimmt. Und man sollte ein Sofa nicht nach seinem Bezug beurteilen. Es gibt immer eine Möglichkeit, das gute Stück mit Vintage-Stoffresten, eingefärbten Bettlaken, Wolldecken oder alten Vorhängen neu zu beziehen oder zu bedecken. Ledersofas hingegen sind nicht so leicht aufzufrischen – ein neuer Bezug vom Fachmann kann u.U. genauso teuer sein wie ein Neukauf. Wenn schwarzes Leder eingerissen oder abgescheuert ist, hilft manchmal ein aufgeklebter Flicken, und wenn die Lehne Ihres

Tassenringe auf dem Tisch oder abgewetzte Stellen auf dem Sofabezug – dank solcher Gebrauchsspuren fühlt man sich mit Flohmarktfunden schnell zuhause.

für ein Ensemble gemütlicher Sessel; sie müssen nicht aus einer Polstergarnitur stammen, solange sie allesamt einladend und bequem sind.

Wenn der Kamin oder Kachelofen im Zentrum der Aufmerksamkeit stehen soll, putzen Sie ihn entsprechend heraus. Auf Flohmärkten findet man entsprechendes Zubehör – von gusseisernen Schutzgittern über Kohlenschaufeln und Blasebälge mit Kupferbeschlag bis zu Handfegern und Schürhaken.

OBEN **Mit etwas Glück stolpern Sie über Designklassiker wie dieses rote Ercol-Sofa, das sich mit farblich abgestimmten Kissen schmückt. Ein Läufer im Ethnolook sorgt für Wärme und schmeichelt den Fußsohlen.**

Stellen Sie Gegenstände mit einer ähnlichen Ausstrahlung nebeneinander. In diesem Wohnzimmer erzeugen zeitlose Stücke – vom schwarzen Chesterfield-Ledersofa (dessen eingerissene Armlehne mit einem Überwurf verdeckt wurde) bis zum anmutigen Beistelltisch – ein vornehm-elegantes Flair. Ein hoher Schrank mit Glasfenstern dient als Hausbar.

Dieses modern eingerichtete Zimmer wirkt durch Möbel vom Flohmarkt ausgesprochen wohnlich. Eine weiß gestrichene Kommode bietet Stauraum, ein ebenfalls weißer Tisch eine geeignete Ausstellfläche für geometrisch gestaltete Vasen im Stil der 1970er Jahre.

Das Wohnzimmer mit dem Ledersofa in Beige wirkt trotz des eklektischen Looks elegant. Die weißen Wände und der dunkel glänzende Fußboden bilden das perfekte Ambiente für eine skulptural geformte Tischlampe, ein Sofakissen mit Seidentuchbezug und ein Porträt der Queen in jungen Jahren.

LINKS Schaffen Sie da, wo niemand damit rechnet, eine Oase der Ruhe. In diesem Gästezimmer kann man sich in einem Sessel, dessen Bezug aus weichem Samtvelour Gebrauchsspuren aufweist, wunderbar entspannen. An einer Hakenleiste, wie man sie aus Fluren kennt, können Gäste ihre Mäntel und Taschen aufhängen.

Ledersofas abgenutzt aussieht, legen Sie einfach eine Decke darüber.

Viele haben für ihre Inneneinrichtung bereits einen Stil entwickelt oder übernommen, der dem derzeitigen Trend entspricht. Besonders beliebt ist heute z. B. ein Mix aus altem Glamour und modernem Minimalismus. Streichen Sie Wände und Holzfußboden weiß, und stellen Sie sich einzelne besonders schöne Möbel zusammen, etwa ein nussbraunes Ledersofa, einen kunstvoll verzierten Spiegel und eine auffällige Hängelampe. Mit kostbaren Kissen – Secondhand-Pashminas, Kaschmirpullover und seidene Morgenmäntel liefern den Stoff für die Hüllen – wirkt alles feiner und weicher.

Retrofans müssen eine Münze werfen, wenn es gilt, sich zwischen den zahlreichen wunderschönen Sofas im Flohmarktangebot zu entscheiden. Niedrige Kunststoff- oder Ledersofas in knalligen Farben waren einmal der letzte Schrei. Kombiniert mit einem Sideboard aus Holz oder einem Baukasten-Regalsystem aus Kunststoff aus den 1960er Jahren, können solche Stücke in der gewohnten Umgebung

OBEN In einer neutralen Umgebung entfaltet dieses Prachtstück von Sofa eine ähnlich starke Wirkung wie einst vor über dreißig Jahren.

UNTEN Den Grundstock für diese Sitzgruppe bilden zwei hochwertige Sofas mit einem robusten Kattunbezug. Um ihr gutes Aussehen zu erhalten, hat der Besitzer dieses Apartments, ein bekennender Flohmarktfan, sie in dicke Decken gehüllt.

RECHTS Zwischen zwei Clubsessel aus Leder wurde eine Lampe aus den 1950ern plaziert, die aus einer Fabrik stammt. Für solche Stücke kann man, wenn sie in gutem Zustand sind, ruhig etwas mehr ausgeben. Sie verlieren nicht ihren Wert.

Hauchen Sie einem Sofa mit alten Stoffen oder Plaids neues Leben ein.

wieder eine neue Wirkung entfalten. Dazu ein paar Kissen, bedruckt mit grafischen Mustern, Läufer aus den 1960ern oder Stücke von Teppichböden aus den 1960ern oder 1970ern – und alles passt perfekt zusammen. Ebenfalls einladend wirkt ein (guterhaltener) Sitzsack.

Was die Retrobeleuchtung angeht, so findet sich relativ leicht etwas Passendes, von der Kunststoff-Pilzlampe in Orange bis zur Standleuchte mit ausladendem Arm aus Chrom. Auch Vasen in klobigen Formen aus den 1950ern und mit grafischen Mustern aus den 1960ern sind auf den Märkten vertreten. Lassen Sie Topfpflanzen in Makramee-Hängern von der Decke baumeln.

Dieses nüchtern eingerichtete New Yorker Apartment bietet den perfekten Rückzugsort von der Hektik der Großstadt. Auffällig sind die beiden Vogelkäfige – so etwas findet man auf Flohmärkten nur selten.

Auch Liebhaber des Bauhausstils entdecken mit etwas Glück einen Klassiker der Moderne, der wertvoll sein kann. Ob als Original oder originalgetreue Nachbildung – Klassiker wie der Bibendum-Sessel von Eileen Gray, der Schwanenstuhl von Arne Jacobsen, der S-Stuhl von Verner Panton und die Jack-Leuchte von Tom Dixon tauchen gelegentlich auf Märkten auf. Wenn Sie sie in gutem Zustand vorfin-

OBEN Das klassische Sofa mit Knöpfen an den Lehnen ist mit strapazierfähigen Wolldecken aus Armeebeständen neu bezogen worden. Ein kariertes Plaid, ein kleines Kissen vom Flohmarkt und ein größeres in einem Jutesack bilden die passenden Accessoires. Die Teller und Bilder über dem Sofa zeugen von der Passion des Besitzers für Hunde.

Neues Make-up für ein altes Sofa – die sichtbaren Nähte des Segeltuchbezugs schaffen einen legeren Look. An der Wand prallen Zeiten aufeinander: In einem kunstvoll gestalteten Rahmen hängt ein modernes Gemälde. Zwei leere Bilderrahmen haben als Lampenschirme eine neue Funktion erhalten.

den, greifen Sie sofort zu, denn solche Stücke gewinnen mit der Zeit an Wert – nicht zuletzt wegen ihres zeitlosen Designs. Weitaus häufigere Flohmarktfunde sind Freischwinger aus Leder und Chrom. Modernistische Geradlinigkeit können Sie mit Kuhhäuten auf dem Boden oder Kissen mit Zebradessin abmildern.

Wenn sich Ihr Verlangen eher auf Landhausstilmöbel richtet, sind Flohmärkte gewiss der ideale Ort. Da das Sofa wahrscheinlich die teuerste Anschaffung fürs Wohnzimmer ist, sollten Sie durch

Mildern Sie minimalistische Strenge mit kostbaren Kissen – Kaschmirpullover, seidene Morgenmäntel und Pashminas vom Flohmarkt liefern den Bezugsstoff.

LINKS Weiches Licht, das durch einen Spitzenvorhang hereinfällt, verleiht diesem Wohnzimmer ein ätherisches Flair. Das voluminöse Sofa ist mit alten Leintüchern bedeckt, über seine Lehne wurde lässig ein Schal drapiert.

OBEN RECHTS Ein Patchwork aus Kuhhäuten ergibt einen fantastischen modernen Läufer. An der Wand lehnt ein Bestseller unter den Postern – *The Chinese Girl* des russischen Künstlers Vladimir Tretchikoff.

die Wahl des richtigen Stücks den rustikalen Gesamteindruck unterstreichen. Wie wär's mit einem großen, ein wenig durchgesessenen Stück aus Chintz mit losen Sitzkissen, das Sie mit Häkeldecken, Plaids und Überwürfen im Schottenkaro drapieren? Wenn bei Ihrer Entdeckung die Formen stimmen, das Kleid jedoch abgetragen ist, hüllen Sie das Sofa in Matratzenstoff oder strapazierfähiges Segeltuch. Dazu passen alte Schaukelstühle, Lloyd-Loom-Korbstühle, Holzstühle im Patiostil und derbe Holzbänke.

Wenn Sie Beistelltische für Vasen, Tischlampen und Lesestoff brauchen, suchen Sie nach Schulbänken oder nach Gartentischen aus Gusseisen mit Mosaikplatte. Wildblumensträuße und Rosenbouquets, arrangiert in Porzellantassen, Milchkrügen und alten Flaschen, verbreiten eine lebendige Atmosphäre.

Entspannen kann man sich nicht nur im Wohnzimmer, sondern z. B. auch in Ecken und Nischen, etwa am Ende des Korridors, unter einer Treppe oder auf einem geräumigen Treppenabsatz. Dafür kommen alle Orte infrage, an denen es still ist oder die von der Sonne beschienen werden. Auf Märkten finden Sie entsprechend unkonventionelle Möbelstücke zum Ausruhen, darunter mit buntem Leinen bespannte Liegestühle, selbstgemachte Schaukeln, Tatamimatten zum Ausrollen und sogar aufblasbare Luftmatratzen. Da Sie auf dem Flohmarkt einkaufen, werden Sie es gewohnt sein, über eine dreiteilige Polstergarnitur hinauszudenken und auch für diesen Zweck einen originellen Fund aufzuspüren.

Küchen im Flohmarktstil wirken heiter und wohnlich. Geliebte Stücke von gestern – alte Keksdosen, klobige Kaffeebecher, riesige Pfannen – tragen das Ihre dazu bei.

Koch- und Essräume

DIESE DOPPELSEITE
Einzelstücke vom Flohmarkt für die Küche müssen nicht unbedingt zusammenpassen. Mit zeitlosen Möbeln und nur wenigen Accessoires lässt sich ein originelles Ambiente schaffen – und das für wenig Geld.

Wenn Sie wollten, könnten Sie die Räume, in denen Sie kochen und essen, nahezu komplett mit Gegenständen vom Flohmarkt ausstatten – bis hin zur Spüle. Dafür spricht, dass solche Fundstücke ein Flair von Tradition in diese Räume bringen.

Ob die Zubereitung viel oder wenig Zeit in Anspruch nimmt (sicher weniger als in früheren Zeiten) – für die meisten Menschen sind Mahlzeiten wichtige, geliebte Rituale. Das Gefühl von schwerem Silberbesteck in der Hand wird heute wie ehedem geschätzt – ebenso wie der Genuss, wenn Wasser aus einem schönen Glaskrug eingeschenkt und Wein in langstieligen Gläsern kredenzt wird. Und alle fühlen sich an einem großen Küchentisch wohl und geborgen.

Lange Zeit war es üblich, Küche und Esszimmer zu trennen, doch mittlerweile erlebt die Wohnküche eine Renaissance – der Essplatz und der Ort, an dem die Mahlzeit zubereitet wird, befinden sich, wie in den Häusern auf dem Lande, in einem Raum: Der Esstisch wird nicht nur für die Vorbereitung des Essens und zum Speisen benutzt, hier versammelt man sich auch zu langen Gesprächen,

RECHTS Diese große Geschirrsammlung besteht allein aus Funden von einem Brüsseler Markt. Die Stücke haben, nach Funktion, Farben und Epochen sortiert, in einem Einbauregal Platz gefunden, das bis zur Decke reicht. Die oberen Fächer sind mit einer Ausziehleiter erreichbar.

OBEN Erwartungsvoll stehen die in matten Pastelltönen gestrichenen Stühle um den langen, schmalen Tisch, auf dem ein Läufer aus gelbem Leinen vom Flohmarkt liegt. Getrocknete Hortensien in Friedhofsvasen tragen zur bleichen Schönheit dieses sonnendurchfluteten Essplatzes bei.

häuslichen Arbeiten, Spielen und anderen Freizeitaktivitäten.

Bei der Einrichtung des Koch- und Essraums sollten Sie sich zu allererst für einen bestimmten Stil entscheiden. Wenn Sie eine moderne, leicht steril und technisch wirkende Standard-Einbauküche besitzen, können Sie ihr mit ein paar Secondhand-Einzelstücken einen eigenen Charakter verleihen. Solche Hochglanzküchen liefern manchmal sogar den perfekten Hintergrund für die Präsentation origineller Flohmarktfunde.

Wer eine moderne Küche bevorzugt, muss diese allerdings nicht unbedingt neu kaufen. Sorgen Sie für einen minimalistischen Gesamteindruck, indem Sie Ihr Geschirr- und Geräteallerlei hinter glatten Schranktüren verstecken und auf die Abstellflächen z. B. eine einzige Kugelvase aus den 1960ern stellen. Wenn Sie Ihr Geschirr hingegen ausstellen wollen, entscheiden Sie sich für Gegenstände, die den Raum größer erscheinen lassen (ein silbern schimmerndes Milchkännchen oder ein Toaster aus Chrom), eine altertümliche Ausstrahlung haben

DIESE SEITE Den Mittelpunkt dieses Essplatzes bildet ein Konferenztisch aus den 1950er Jahren, den zwei identische alte Kandelaber krönen.

RECHTS Küche, Essplatz und Wohnzimmer teilen sich den in einem bunten Stilmix eingerichteten Raum: Das Schlafsofa aus den 1970ern harmoniert durchaus mit dem alten Kindersitz, den Kaffeehausstühlen aus Holz und den alten Kupferpfannen über der Küchenzeile.

(ein silberner Kessel oder ein Wasserkrug im mediterranen Stil) oder elegant wirken (Sektflöten vom Flohmarkt oder Retrokaffeebecher).

Geben Sie Ihrem modernen Essraum Charakter, und schmücken Sie einen klobig wirkenden Glastisch mit einem antiken Kandelaber. Man muss keine neuen Stühle kaufen, denn Secondhand-Märkte quellen über von Klassikern der Moderne – Freischwingern aus Chrom und Leder, Kaffeehausstühlen aus Bugholz und Kunststoff-Sitzschalen aus den 1960ern. Oder Sie bauen sich Ihren eigenen Esstisch: Legen Sie eine Tür mit glatter Fläche und frischem Anstrich auf zwei Böcke oder auf einen alten Konferenztisch.

Wenn Sie einem modernen Tisch ein klassisches Kleid verpassen wollen, halten Sie nach Tischdecken mit passenden Servietten aus weißem Leinen oder Damast Ausschau. Solche Garnituren, die früher zur Aussteuer gehörten, tauchen gelegentlich auf Märkten auf. Selbst wenn Sie nur Einzelstücke aufspüren, lässt sich ein harmonierendes Serviettenset leicht zusammenstellen und sieht ebenfalls gut aus. Krönen Sie die Tafelmitte mit einem Pracht-

RECHTS Der Tisch vom Flohmarkt hat eine Zinkdecke erhalten. Als Vase dient ein kleiner blauer Topf aus Gusseisen.

GANZ RECHTS Streichen Sie Schubladen in den Farben des Regenbogens, und spielen Sie mit unterschiedlichen Griffen – so erhält Ihre Küchenzeile ein neues Gesicht.

RECHTS Das Esszimmer im selben Haus vereint Klassiker der Gegenwart mit antiken Fundstücken. Auf dem klobigen Konferenzstuhl thront ein Kissen, für dessen Bezug ein altes Tuch von Dior herhalten musste. Der antike, mit einer einzelnen Blüte geschmückte Topf stammt aus Indien.

DIESE SEITE Diese schicke Hochglanzküche in einem Londoner Haus zeigt, wie sich Retrolook und moderne Linienführung miteinander vertragen. Ohne den schönen Kerzenleuchter und das Gemälde (das von einem alten Seidentuch inspiriert ist) würde dieser modernen Küche der lebendige Atem fehlen.

Wenn Sie eine moderne Einbauküche besitzen, können Sie ihr mit ein paar Flohmarktfunden einen individuellen Charakter verleihen.

BREAD

stück – einer schönen Blumenvase oder einem tiefhängenden Kronleuchter.

Zur Küche im Landhausstil passen Flohmarktfunde besonders gut. Suchen Sie für die Wände nach alten Blümchentapeten, Mosaik- oder Terrakottafliesen. Einzelstücke wie Küchenschränke oder Tellerregale aus Naturholz nehmen das Geschirr auf. Die passenden Textilien gehören zum Countrylook ebenfalls unbedingt dazu. Durchkämmen Sie die Märkte nach Stoffen mit traditionellen Bauernmustern (Blumen, Karos oder Streifen), und schneidern Sie daraus Tischdecken, Vorhänge, Geschirrtücher oder Schürzen. Schaffen Sie hinter einem bunten, auf einen Draht gezogenen Vorhang Stauraum unter der Spüle.

Wenn Sie Küchenzubehör im Landhausstil sammeln, schaffen Sie dafür eine Präsentationsfläche. Gegenstände aus Emaille, Sammlungen alter Kupfertöpfe, Holzbrettchen, Töpferwaren, hübsch gemusterter Teller, Kaffeemühlen oder großer Kupferkessel sollten angemessen ausgestellt werden – etwa in alten Bücherregalen, Schränken ohne Türen und an der Decke befestigten Drahtgestellen.

Manchmal tauchen auch alte Küchen- und Kochherde auf Märkten auf, doch man wird einiges investieren müssen, um ein solches größeres Küchengerät von einem Fachmann überholen und anschließen zu lassen. Ausguss, Spülbecken oder Spüle mit Armaturen aus Kupfer sorgen ebenfalls für ein ländliches Flair.

Bei der Einrichtung von Essräumen im Countrystil sollte man mit einem Tisch von betont großen Ausmaßen beginnen. Vielleicht spüren Sie einen langen Bauerntisch auf – oder halten Sie Ausschau nach einem Ausziehtisch aus Kiefernholz oder einem ausgemusterten Konferenztisch, den Sie unter einem überhängenden Tischtuch verstecken

OBEN **Der schlichte Hintergrund erlaubt ein Spiel mit Farben und Mustern. Auf dem Tisch aus den 1970ern liegt ein altes Rindentuch.**

LINKS **Zwei Barhocker vom Flohmarkt verwandeln eine Arbeitsfläche in eine Frühstücksbar. Das antike Silberbesteck besteht aus Einzelstücken und stammt wie die marokkanischen Teegläser vom Flohmarkt.**

können. Zum Sitzen bieten sich Gartenklappstühle, Stühle mit abblätternder Farbe oder ein Ensemble von Holzstühlen an. Lange Bänke sorgen wie große Tische dafür, dass Besucher einander näher kommen. Schauen Sie also nach alten Kirchen- oder Schulbänken, auf denen Sie Ihre Gäste plazieren können; bequem werden sie mit Sitzkissen, die mit Vintage-Stoffen bezogen sind.

Wenn Ihr Wunsch in Richtung Retrolook geht, genügt meist ein Gang zum Flohmarkt vor Ort. Vielleicht finden Sie dort einen Küchenschrank, ein Sideboard mit Resopalplatte aus den 1950ern oder einen Retrokühlschrank. Sie können eine schöne

OBEN An diesem einstigen Jagdtisch aus Frankreich versammelt man sich gern zu geselligen Mahlzeiten. Die altmodischen Stühle stammen vom Sperrmüll eines Cafés. Sitzkissen mit floralem Dessin sorgen für Bequemlichkeit.

LINKS Der alte Bauerntisch und die vier Kaffeehausstühle sind typische Flohmarktfunde, der Amaryllisstrauß wurde in einer alten Dose arrangiert.

RECHTS Dieses Esszimmer krönt ein prächtiger Leuchter, der in nahezu perfektem Zustand auf dem Flohmarkt gefunden wurde. Er spiegelt sich in einem antiken Spiegel. So wird aus einem alltäglichen Platz etwas Besonderes.

Reproduktion aber auch neu erwerben. Teller, Tassen und Schüsseln aus farbenfrohem Melamin, Retrotoaster und -kessel sowie Obstschalen in Nierenform bilden das dazu passende Dekor. Zum Stil der 1950er Jahre gehören Pastelltöne, das Lebensgefühl der 1960er drückt sich in klaren, frechen Farben (Rot, Gelb, Lila) und kühnen Mustern aus.

Auch die Möbel für den Essraum im Retrolook erhält man auf dem Flohmarkt – runde Tische mit passenden Sitzschalen aus Kunststoff oder ovale Tische mit entsprechenden abgerundeten Stühlen aus Holz. Damit das Ensemble authentisch wirkt, servieren Sie die Getränke auf einer niedrigen Anrichte aus den 1960ern, oder rollen Sie sie auf einem Teewagen heran. Nähen Sie sich eine passende Tischdecke: Retrostoffe mit Blumenmuster oder bunten Streifen auf weißem Grund passen zu den 1950ern, Kreis- und Spiralmuster zu den 1960ern und Muster mit geometrisch gestalteten Früchten zu den 1970ern.

Auch Koch- und Essräume lassen sich mit zusammengestellten schönen Einzelstücken gut ausstatten. Für den gemeinsamen Nenner sorgt in diesem Fall allein Ihr Geschmack. Viele Märkte bieten zum Thema Essen Fundstücke aus aller Welt – von der Teekanne aus dem Fernen Osten bis zur Tagine

aus dem Nahen Osten, von den Essstäbchen aus Jade und großen japanischen Suppenschüsseln bis zu indischen Thali-Tellern und alten französischen Kasserollen.

Folgen Sie Ihren Augen und Ihrem Geschmack, und kreieren Sie Ihren »Folklorestil aus aller Welt«: Stellen Sie in Ihrer schlicht und praktisch eingerichteten Küche Keramikbecher und Teegläser aus Marokko mit äthiopischen Kaffeetassen zusammen, und schaffen Sie einen gemütlichen Essplatz, indem Sie um einen niedrigen Tisch im arabischen Stil bunte Sitzkissen gruppieren.

Flohmärkte bieten Gelegenheit, Ihrer Schwäche für alte, in Vergessenheit geratene Essmoden nachzugeben. Laden Sie zum Fondue oder Kaffeeklatsch ein, und verzieren Sie den selbstgebackenen Ku-

DIESE DOPPELSEITE

Viele schöne alte Dinge tragen zum außergewöhnlichen Charme dieser Küche bei. Alte Tapetenreste, Postkarten und Fotografien im Sepiaton wurden mit Kreppband auf einen gewöhnlichen Kühlschrank geklebt. Der Spülstein, die Drahtkörbe fürs Geschirr und die Stühle aus Bugholz sind weitere Elemente, die ein nostalgisches Flair verbreiten.

chen wie in alten Zeiten. Servieren Sie Tee aus feinen Porzellantassen und Kuchen von der Etagere.

Vor dem Einrichten von Küche und Essplatz sollten Sie überlegen, was Sie wirklich brauchen. Wenn Sie meist in aller Eile kochen und essen, wählen Sie Ihre Flohmarktfunde entsprechend aus. Wenn Sie allein leben, aber gern Abendessen mit Gästen veranstalten, wählen Sie flexible Möbelstücke: Tische mit Seitenteilen zum Herunterklappen und Klappstühle. Wenn Sie Single sind und in der Regel auswärts essen, entscheiden Sie sich gegen einen großen Koch-Ess-Raum und stattdessen für ein Frühstücksbar-Arrangement. Setzen Sie sich auf eine hohe Bank, einen Barhocker oder einen alten Laborstuhl vom Flohmarkt.

Gut schlafen – vielleicht mit süßen Träumen – lässt es sich in einem Zimmer, dessen Mobiliar vom Flohmarkt stammt. Die Bewohnerin dieses Raumes schlummert in Leinenbettwäsche und stellt ihre Füße beim Aufstehen auf eine mit einem alten Stoffrest bedeckte Schaumstoffmatte. Die warmen Holztöne aller Möbel mildern den minimalistischen Stil.

Wenn Sie sich beim Einrichten des Schlafzimmers nicht für einen Stil entscheiden können, lassen Sie sich von Ihren Marktfunden leiten.

Schlafräume

Schlafen Sie den Schlaf der Gerechten – im Secondhand-Ambiente. Schlafzimmer sind intime Räume und erzählen viel über die Persönlichkeit ihrer Besitzer. Sehen Sie sich ein Schlafzimmer an – und Sie können einige Rückschlüsse auf den Menschen ziehen, der darin lebt. Flohmarktfunde helfen Ihnen, Ihre Individualität zum Ausdruck zu bringen. Stellen Sie sich vor, das Kopfteil Ihres Bettes wurde einst aus Gusseisen gefertigt, den fragilen Gartenstuhl daneben haben Sie an einem sonnigen Sonntag auf einem Bauernmarkt ergattert, und als Bezug für das Sitzkissen dient ein Kopftuch, das Sie auf einem Pariser Flohmarkt entdeckt haben. Jedes einzelne Stück erzählt von Ihnen und Ihren Vorlieben. Und so erhält Ihr Schlafzimmer etwas Exklusives.

Bei der Ausstattung können Sie zunächst unter bewährten Stilen wählen. Behalten Sie dabei stets im Auge, welcher Gesamteindruck Ihnen vorschwebt. Wenn Sie sich nicht für eine Stilrichtung entscheiden können, lassen Sie sich von dem leiten, was Sie auf Märkten aufstöbern.

Auf einem französischen Markt können Sie z. B. einen Glückstreffer landen und unter staubigen Decken ein bezauberndes »Lit Bateau« entdecken. Mit einem zentralen Möbelstück wie einem solchen »Schlittenbett« machen Sie sich am besten auf die Suche nach Gegenständen, die vom Stil her dazu passen; das könnte ein funkelnder Lüster, Bettzeug aus weißem Leinen, ein Seidenkimono oder eine prächtige Chaiselongue sein.

Schlafzimmer im minimalistischen Stil sind sehr beliebt, weil zurückhaltende Formen beruhigend wirken und kein überflüssiger Krimskrams die Aufmerksamkeit auf sich lenkt. Wenn Sie es schlicht mögen, genügen nur wenige, dafür großzügig plazierte Möbelstücke. Sorgen Sie dafür, dass Wände und Fußböden neutral gehalten sind (strikte Minimalisten halten sie in reinem oder gebrochenem Weiß), doch allzu kahl sollte der Raum nicht erscheinen. Durch Textilien mit Mustern

LINKS Wenn Sie einen schönen Bettrahmen entdecken, aber keine passende Matratze dazu finden, gibt es dennoch eine Lösung: Hier wurde ein Diwan in einen Rahmen für ein Doppelbett gestellt. Überdecke und Volant bestehen aus alten Stoffen, der Kissenbezug aus Sackleinen.

An unerwarteter Stelle entfalten Fundstücke die größte Wirkung. Hängen Sie eine Patchworkdecke an die Wand oder als improvisierten Vorhang vors Fenster.

OBEN Das Bettzeug und die Möbel in blassen Farben lassen dieses kleine Schlafzimmer geräumig und luftig erscheinen. Vorhang und Bettvolant aus Seidendamast bringen Glanz in den ansonsten eher spartanisch wirkenden Raum.

LINKS Die Kissenbezüge aus gestärkter weißer Baumwolle bilden einen neutralen Kontrast zur Ethnodecke. An der Wand hängen, mit Mehrzweckklammern an winzigen Nägeln befestigt, alte Familienfotos. Als Utensilienbox auf dem Nachttisch dient ein Zylinder.

und Farben, an denen der Blick hängen bleibt, wirkt er freundlicher. Ein buntes Seidenkissen auf dem Bett, eine Kuhhaut auf dem Boden oder ein Spitzenschal vor dem Fenster genügt, damit der Raum Wärme ausstrahlt.

Wenn Sie nicht zu den Glücklichen gehören, die ein separates Ankleidezimmer besitzen, wird vermutlich das Schlafzimmer diese Funktion übernehmen. Um den minimalistischen Look zu wahren, sollten Kleider und Accessoires in einem Kleiderschrank mit ausreichend Stauraum verborgen werden, der in einer schlichten Farbe gestrichen oder in Naturholz belassen ist. Solche übergroßen Schränke – häufig aus schönen alten Harthölzern wie Eiche, Mahagoni oder Kirsche – tauchen auf Märkten regelmäßig auf, da viele Menschen sich

Warum einen großen, schweren Kleiderschrank kaufen, wenn Sie Ihre Kleidung auch hinter Vorhängen aus alten Stoffen aufhängen können? Kleinere Kleidungsstücke werden hier unter dem Bett verstaut – in Holzschubladen mit buntem Anstrich und neuen Griffen. Der Raum zeigt so etwas wie eine »west-östliche Begegnung«: Über der Tagesdecke mit traditionellem Blumenmuster schwebt eine Lampe im fernöstlichen Stil.

Und so setzt sich das Thema geschicktes Verstauen fort: Auf dem Regal aus ehemals als Vertäfelung dienenden Holzleisten stehen bunte, geräumige Taschen von einem indischen Markt. Aus Indien stammen auch die Blechdosen, die (nun ohne Deckel) als Wandregal Bücher und Schmuckgegenstände aufnehmen.

davon trennen, weil sie modernen, vom Boden bis zur Decke reichenden Einbauschränken den Vorzug geben. Bei der Wahl des Bettes halten Sie nach einem atemberaubenden Exemplar mit schlichtem oder kunstvoll verziertem Kopfteil Ausschau – dazu passt feine weiße Bettwäsche. Auf vielen Märkten findet man alte intakte Leintücher, doch Sie können sich Ihr Bettzeug auch aus mehreren weißen Tüchern selbst schneidern.

Der zarte, blasse Look des Landhausstils hat etwas angenehm Unprätentiöses und passt deshalb gut in Schlafräume. In diesem Stil stehen z. B. gusseiserne Bettgestelle, ausgediente Krankenhausbetten und Holzbetten zur Wahl. Erhalten Sie den leicht abgenutzten Zustand, oder streichen Sie das Bett in frischem Weiß.

Rustikale Bettwäsche gibt es in Hülle und Fülle, von geblümten Überdecken bis zu Patchwork-Häkeldecken und alten Federbetten mit Satinbezügen. Bevor Sie eine Daunendecke reaktivieren, sollten Sie sie in die Reinigung bringen oder für einen Tag in die Sonne legen, anschließend ausschütteln und absaugen.

Patchwork spielt seit jeher eine wichtige Rolle bei der Einrichtung im Landhausstil. Bevor Sie sich selbst ans Werk machen, sehen Sie sich alte Decken genau an: Sie werden feststellen, dass viele aus Resten von Blümchenkleidern, Seidenschals, Tweedjacken, gestreiften Hemden und bestickter Babykleidung gefertigt sind. Wenn Sie Ihr eigenes Meisterstück kreieren möchten, durchkämmen Sie Altkleidermärkte danach, doch halten Sie auch die Augen offen nach klassischen Haushaltstextilien, etwa gestreiftem Matratzendrillich, karierten Tischtüchern und Tagesdecken mit Blumenmuster. Statt mit einem Federbett können Sie Ihr Bett auch mit einer alten Wolldecke im Schottenmuster oder aus

OBEN **Mit Oberflächenstruktur setzen Sie einen Akzent gegen klare Linien: Die schlichte Tür wirkt mit Velourtapete verkleidet weicher. Und die Secondhand-Designergarderobe kommt vor reinem Weiß besonders gut zur Geltung.**

RECHTS **Jedes Bett sollte »eingekleidet« werden. Die Hose am Fußende stammt vielleicht aus der jüngsten Gucci-Kollektion, für die Kissen fanden alte Seitentücher Verwendung. Ketten am Kopfende komplettieren das Outfit.**

Armeebeständen ausstatten. Bauernmuster – Blumen, Streifen und Karos – eignen sich ebenfalls gut für Vorhänge, Kissen und Sitzbezüge. Achten Sie beim Mustermix auf einen schlichten Hintergrund, damit der Raum nicht überladen wirkt.

Kleiderschränke, die ein wenig gelitten haben, sowie Bücherregale mit Anstrich und alte Frisierkommoden aus Holz passen gut zu diesem Stil. Falls Sie mehr Stauraum brauchen, setzen Sie gewebte Einkaufstaschen, Körbe, Kisten und alte Koffer ein. Ist der Raum groß genug, ziehen Sie den Erwerb

eines antiken Schaukelstuhls, eines Korb- oder Ledersessels in Erwägung.

Ein Schlafzimmer dient nicht nur dem Rückzug und der Ruhe, es ist auch ein Ort der Liebe und der Romantik. Verwandeln Sie es in ein elegantes, sinnliches Boudoir. Locken Sie mit verführerischen Möbeln und Stoffen, die der Haut schmeicheln. Ein Himmelbett werden Sie vermutlich nicht auf einem Markt finden, doch Sie können sich aus alten Leisten, über die Saris oder Seidentücher drapiert werden, selbst einen Himmel bauen. Auch das Kopfteil des Bettes können Sie selbst gestalten: Ziehen Sie ein falsches Tierfell vom Flohmarkt auf ein schmales Brett, oder restaurieren Sie ein altes Kopfteil im Rokokostil. Schaffen Sie einen Hauch von Dekadenz durch eine Fülle von Kissen in verschiedenen Formen und Größen, und stellen Sie eine alte Chaiselongue oder einen Lehnstuhl im Stil Ludwigs XVI. neben das Bett.

Zwei Einzelbetten, nebeneinander gestellt, ergeben ein großes Bett. Die prächtige Nachttischlampe aus den 1980ern und das antike Nachtschränkchen geben diesem Schlafzimmer unter dem Dach einen Hauch von Luxus.

Mit auffälligen Einzelstücken verleihen Sie Ihrem Schlafzimmer Charakter. Hier dient eine Gartenbank als Nachttisch, und eine Schreibtisch-Gelenkleuchte fungiert als Nachttischlampe. Warum nicht das Bett mit einem großen Tischtuch aus Großmutters Tagen bedecken?

Eine Lampe mit Metallblumen, ein über die Nachttischlampe geworfenes Tuch, ein Engel als Ausstechform und ein Fächer – was auf den ersten Blick nicht zusammenpasst, fügt sich zu einem stimmigen Bild. Der Mustermix wirkt in der weißen Umgebung belebend.

Wenn Sie Ihrer Haut Luxus gönnen wollen, suchen Sie auf Märkten nach Seidenbettwäsche. Vielleicht finden Sie als Material für wunderbar weiche Kissen oder eine Tagesdecke Vorhänge aus Samt oder Veloursamt, wie sie in den 1980ern beliebt waren. Denken Sie daran, dass auch die Beleuchtung zur sinnlichen Atmosphäre beiträgt. Krönen Sie den Raum mit einem tiefhängenden, ausladenden Lüster. Oder Sie verzichten auf Nachttischlampen und bringen stattdessen Wandleuchten mit dunklen Schirmen über dem Bett an. Sinnenrauschsüchtige

Starkes Schlafzimmer, Baby! Das Bett aus den 1970ern mit den nachgemachten Autositzen am Kopfende ist von Vorhängen aus alten Blumenstoffbahnen gerahmt – so entsteht in dieser luftigen Fabriketage der Eindruck eines intimen Himmelbetts. Und bei so viel Platz lassen sich Schuhe und Röcke lässig zum Tanzen bringen.

können sicher sein, dass sie jeden Tag auf der richtigen Seite aus dem Bett steigen, wenn sie ihre Füße auf einen weichen Bettvorleger stellen – z. B. einen Langflorteppich oder ein eingefärbtes Schaffell.

Wenn Sie einen ausgefalleneren Geschmack haben, stöbern Sie nach Retrofunden. Der Look der 1950er Jahre hat mit dem Countrylook einiges gemein und kann sehr weiblich wirken, vor allem wenn Sie sich auf das Feld zarter Pastellfarben – Babyrosa, Lindgrün und Zitronengelb – begeben und diese mit floralem Chintz und Karomustern

kombinieren. Den Rhythmus der 1960er fangen Sie mit einem Mix aus großen grafischen Mustern für Ihre Schlafzimmertextilien ein. Wenn Sie den Stil der 1970er lieben, verwöhnen Sie den Hippie, der in Ihnen steckt: Verwenden Sie als Morgenmantel einen Kaftan aus der Zeit, breiten Sie auf dem Bett eine Decke aus indischer Baumwolle und auf dem Boden einen farbenfrohen Dhurry aus.

Für den Retrostauraum machen Sie sich auf die Suche nach einem niedrigen Sideboard aus Holz. Hängen Sie Ihre Kleidung nicht in den üblichen Kleiderschrank, sondern z. B. hinter einen Vorhang aus einer Stoffbahn. Wenn Sie jedoch Secondhand-Kleider sammeln – warum sollten Sie sie verstecken? Hängen Sie Ihre Lieblingsstücke vor einem weißem Hintergrund sichtbar auf.

Als weitere Alternative bleibt, sich bei Entdeckungen auf dem Flohmarkt inspirieren zu lassen und aus verschiedenen Stilen den eigenen Look zu kreieren. Ein in frischem Farbanstrich erstrahlender Schemel als Nachttisch, ein Gartenklappstuhl, bedeckt mit einem Spitzenschal, ein ausgedienter Nähmaschinentisch samt an die Wand gelehntem Spiegel im venezianischen Stil als Frisierkommode – unkonventionell genutzte Gegenstände sind stets reizvoll fürs Auge.

Auf Secondhand-Märkten lässt sich zudem vielerlei Praktisches finden, darunter hochwertige Kleiderbügel, Schmuckkästchen, Hutschachteln, Schuhspanner, Schuhregale und große Korbtruhen – von Schmückendem für die Wände ganz zu schweigen: alte Fotos, chinesische Fächer, aufgespießte Schmetterlinge ... Wenn Sie alles ergattert haben, worin Sie sich rundum wohl fühlen, kuscheln Sie sich unter die Decke und halten Sie ein Nickerchen. Shopping ist schließlich harte Arbeit.

OBEN LINKS **Die Patchworkdecke in kräftigen Farben stammt von einem Kinderbett. Sie setzt, wie der aus Stoffbahnen mit Blumen- und Streifenmuster genähte Vorhang, in dem sparsam möblierten Schlafzimmer einen Akzent.**

OBEN **Hüllen Sie sich in Luxus – angeln Sie sich einen Kimono, und lassen Sie ihn, wie dieses Exemplar in Rot, in Ihrem Schlafzimmer heimisch werden. Das Licht fällt hier durch feine Spitze ein.**

Wenn Sie ein altes Bettgestell entdecken, greifen Sie zu: Sie können es mit einem modernen Bett kombinieren und Mängel unter einem Volant verbergen, den Sie aus Stoffbahnen, Tischtüchern oder alten Tagesdecken anfertigen. Schaffen Sie sich zur Ausstellung Ihrer Fundstücke eine eigene Galerie. Hier verwandelte sich ein Einbauschrank in eine Rhapsodie in Blau.

Badezimmer sollten Räume sein, an denen Leib und Seele sich erholen. Von den zarten, gebrochen weißen Farben bis zu den Accessoires vom Flohmarkt – eine Untertasse als Seifenschale, ein alter Wohnzimmerspiegel und ein Holzhocker im Ethnolook –: alles dient dem Ziel, zur Ruhe zu kommen.

Jedes Bad braucht einen Spiegel. Hat einer die richtige Form, aber einen langweiligen Rahmen, streichen Sie ihn in einer aufregenden Farbe.

Im Bad sind Sie für und bei sich. Machen Sie diesen sinnlichen, intimen Ort ganz zu Ihrem – mit Hilfe von Gegenständen, die Sie lieben.

Badezimmer

Bei der Innendekoration einer Wohnung schenkte man dem Bad lange Zeit wenig Beachtung. Im Unterschied zu Küche oder Wohnraum ist es ein intimer Ort, der häufig in einem winzigen, dunklen Raum versteckt wurde. Während Badezimmer meist ausschließlich unter funktionalen Gesichtspunkten betrachtet werden, sollen sie hier als Oasen der Ruhe zu ihrem Recht kommen – schließlich lassen sich Sorgen am besten hinter ihren verschlossenen Türen abwaschen.

An dieser Stelle kommt der Flohmarktstil ins Spiel. Große Badewannen auf Füßen, Duschköpfe aus der Gründerzeit, antike Spiegel – allesamt Dinge, die man auf Märkten finden kann – sehen schön aus und schaffen Atmosphäre im Bad. Natürlich müssen sie ihren Zweck erfüllen und funktionieren, doch Gegenstände vom Flohmarkt sorgen dafür, dass auch die Ästhetik stimmt – so können Sie sich in Ihrer dampfenden Kathedrale des Wohlbefindens vollkommen entspannen.

Fangen wir mit Fußboden und Wänden an. Wenn auch Ihr Bad im dunkelsten und kleinsten Raum untergebracht ist, sorgen Sie mit optischen Tricks dafür, dass er größer erscheint. Zunächst muss er heller werden. Größere Flächen sollten glänzen, insgesamt sind helle Farben angezeigt. Das gilt auch für den Fußboden: Je blanker er ist, desto mehr Licht reflektiert er. Überziehen Sie Ihren Holzfußboden

Durch das Zusammenspiel von Rosa, Blau und Weiß wirkt dieser Raum behaglich und beruhigend. Der Stuhl aus geflochtenem Kunststoff in Bonbonfarben sieht nicht nur hübsch aus, er ist auch wasserfest. Lektüre steht in einem alten Zeitungsständer bereit.

LINKS Zum Tagesausklang schmeichelt nichts dem Auge so sehr wie das sanfte Licht einer Kerze. Diese stehen in alten Emaillehaltern.

LINKS UNTEN Ein Häkeltuch vom Flohmarkt ist eine praktische und warme Hülle für den frisch gebadeten Körper. Oft landet die Wäsche im Bad – warum sollte man sie nicht in einem Einkaufsnetz verstauen?

DIESES BILD Die Vitrine in frischem Zartblau bietet Platz für lauter verrückte und witzige Dinge, an denen sich Badende erfreuen können. Die verspiegelte Rückwand reflektiert das Licht und lässt das Badezimmer geräumiger erscheinen.

Eine eingebaute Wanne muss nicht langweilig sein. Diese hier hat durch einen geblümten Stoff, der anschließend mit wasserabstoßendem Schuhspray behandelt wurde, eine Schönheitskur erhalten. Als Alternativen bieten sich wasserfeste Tapeten oder Tischdecken aus Plastik an. Der Badezusatz wurde aus dem hässlichen Plastikbehälter in eine Wodkaflasche umgefüllt.

also mit Hochglanzlack. Das jüngst wieder in Mode gekommene Linoleum hat seine Vorzüge: Es ist strapazierfähig, spritzfest und kinderfreundlich. Wenn Ihr Linoleumfund vom Flohmarkt nicht ausreicht, um den ganzen Boden zu bedecken, schneiden Sie einen passenden Streifen ab, und legen Sie die Bereiche damit aus, an denen es spritzt und tropft.

Wenn Sie nach einem luxuriösen Bad aus der Wanne steigen, möchten Ihre Füße nur Angenehmes spüren. Vorleger aus Lattenrosten, Kork oder langflorigem Frotteestoff lassen sich auf Flohmärkten auftreiben. Oder verwenden Sie ein dickes Handtuch als Badematte.

Weiße Fliesen an den Wänden sind schön und praktisch. Wenn Sie sich bereits für neue Fliesen entschieden haben, halten Sie dennoch Ausschau nach ausgefallenen Secondhand-Fliesen, mit denen Sie einen allzu perfekten Eindruck brechen können. Sie können z. B. ein Patchwork aus Delfter Kacheln in Blau und Weiß (wie sie häufig aus Bädern in Altbauten herausgerissen werden) schaffen oder als oberen Abschluss der Kachelwand einen Streifen marokkanischer Mosaikfliesen verlegen. Wer es gern rustikal mag, verkleidet die Wände mit Holz.

Als Wandschmuck bieten sich Spiegel an. Man braucht sie für die tägliche Körperpflege, kann sie aber auch so anbringen, dass sie die Ausleuchtung des Raumes unterstützen. Wenn Sie einen Spiegel mit einem hässlichen Rahmen finden, der aber von der Größe und Form her in Ihren Raum passt, streichen Sie den Rahmen in einer anderen Farbe, oder stellen Sie aus Muscheln, sandfarbenen Kieseln oder Treibholz selbst einen her. Wenn Ihre Wandfläche begrenzt ist, können Sie auch die Türen Ihres Wandschränkchens verspiegeln und so für mehr Helligkeit sorgen.

Zentrum der meisten Bäder ist naturgemäß die

Eine klassische Tapete, Treibholzfunde oder alte Fliesen verleihen einem neuen Bad eine individuelle Note.

Badewanne oder Dusche. Beliebte Flohmarktfunde sind auf Klauenfüßen frei stehende antike Wannen, die einen Hauch von Luxus verbreiten. Wenn Sie sich in einer solchen Wanne verwöhnen wollen, aber nur ein Exemplar mit angeschlagenem Emaille auftreiben, können Sie die Wanne neu emaillieren lassen; allerdings ist das häufig genauso teuer wie die Wanne selbst. Suchen Sie aufgearbeitete Armaturen, die allerdings von einem Profi installiert werden sollten. Wenn Sie eine Wanne finden, bei der die Füße abgebrochen sind, stellen Sie sie auf Beton- oder alte Holzblöcke.

Legen Sie den Gedanken an eine Ausstattung aus einem Guss ad acta, und schaffen Sie eine bunt zusammengestellte Secondhand-Einrichtung aus Wanne, Waschbecken und Toilette. Kombinieren Sie eine alte Kupferwanne mit einer Toilette aus einem Altbau und einem Waschbecken vor alten Fliesen – oder eine Emaillewanne mit einem Porzellanwaschbecken und einem Toilettensitz aus Mahagoni. Wer es im Bad fröhlich mag, umkleidet den Toilettensitz mit einem kitschigen Bezug und streicht die Außenseite der Wanne und den Schrank in Kontrastfarben.

Wenn es genug Platz gibt, stellen Sie weitere Möbel ins Bad, die unterstreichen, dass es sich um einen Ort der Ruhe handelt – einen großen Sessel,

LINKS **Spiegel in allen Formen und Größen schaffen einen Blickfang und reflektieren das von oben einfallende Licht.**

UNTEN **Die Letter »E« und eine Sammlung alter Postkarten verleihen diesem kleinen Bad einen persönlichen Touch. Räucherkerzen, die in einem Holzblock stecken, vertreiben unangenehme Gerüche.**

DIESE SEITE Tauchen Sie in ein ruhestiftendes Ambiente ein. Hier bilden ein großer Spiegel mit schlichtem Rahmen und ein Akt, die auf einer hölzernen Werkbank stehen, einen optischen Ruhepol.

RECHTE SEITE Diesen Raum schmücken ausgesuchte Fundstücke: hochkant gestellte, als Tische dienende Holzkisten, ein altes Waschbecken mit passenden Wasserhähnen und ein prunkvoller, mit Ketten geschmückter Spiegel.

eine Chaiselongue oder eine Liege. Sitzgelegenheiten sorgen für Komfort und erleichtern z. B. die Fuß- oder Gesichtspflege. Couch- oder gusseiserne Gartentische eignen sich als Ablage für Handtuchstapel oder Körperpflegemittel.

Damit Sie sich ganz entspannen können, darf Ihr Blick beim Baden nirgendwo hängen bleiben – deshalb sollte alles aufgeräumt sein. Neben alten Badezimmerschränken, die Sie auf Märkten finden, lassen sich auch andere Schränke umfunktionieren: Stapeln Sie Handtücher in alten Kleiderschränken oder Kommoden, und bringen Sie Ihre Medikamente in einem Apothekerschrank oder einem überzähligen Nachttisch unter.

Was das Verstauen von Kleinutensilien angeht, lassen sich Funde vom Flohmarkt in unendlicher Vielfalt nutzen. Sie können z. B. Eimerchen oder Ölkannen ohne Deckel zu Abfallbehältern umfunktionieren und Zahnbürsten in alte Vasen oder bunte Gläser stellen. Stapeln Sie Klopapierrollen in ausgemusterten Einkaufstaschen, und verwenden Sie schön geformte Aschenbecher oder zarte Porzellan-Untertassen als Seifenhalter.

Manchmal tauchen guterhaltene Gegenstände auf Märkten auf, die sehr robust und auf eine lange Lebensdauer ausgelegt sind, darunter Maniküresets, Handspiegel, Haarbürsten mit Elfenbeingriffen, Lockenwickler, Rasierpinsel und Wimpernformer. Sie erledigen ihre Aufgabe oftmals besser als ihre weniger soliden Pendants von heute.

Ist alles verstaut, dann gilt es als Nächstes, eine entspannende Atmosphäre zu schaffen. Ein kleines Blumenbouquet in einer alten Porzellantasse oder eine Grünpflanze in einem Nachttopf sorgt buchstäblich für Leben im Bad. Auch Naturfunde wie Korallenblüten, Trompetenschnecken, Fossilien und Treibholz in schönen Formen machen sich gut. Das warme, flackernde Licht einer Flamme ist Balsam für müde Augen – verwandeln Sie, wenn Sie abends ganz zur Ruhe kommen wollen, Ihr Bad in eine von Kerzen erleuchtete Grotte.

Schützen Sie sich mit ausgesuchten Gardinen vor neugierigen Blicken. Damit außerdem Licht ins Bad dringt, stöbern Sie nach einem Spitzenschal oder einer Leinentischdecke.

OBEN **Die Duschnische wurde mit Secondhand-Fliesen verkleidet; dazu passen Vintage-Handtücher.**

RECHTS **Für ein Sauna-Feeling sorgt in diesem Bad reichlich wiederverwendetes Holz.**

Das Kinderbett aus einem Krankenhaus ist dank des farbenfrohen Anstrichs nicht wiederzuerkennen. Wie leicht man dem Kind, das in einem selbst steckt, auch nachgibt: Bei Farben im Kinderzimmer sollten Sie nicht übertreiben, insbesondere nicht beim Bett, in dem das Kind ja zur Ruhe kommen soll. Große weiße Flächen gleichen hier einiges aus.

»Komm, lass uns spielen!« Bei der Ausstattung von Kinderzimmern im Flohmarktstil können Sie dieser Aufforderung getrost folgen und dabei auch dem Kind, das in Ihnen steckt, freien Lauf lassen.

Kinderzimmer

Räume für Kinder – das sind in der Regel Schlaf-, Studier- und Spielzimmer in einem, und vielfach breitet sich die Spielecke bis in die Wohnräume hinein aus. Deshalb ist es wichtig, die Flut von Spielzeug einzudämmen und für genügend Stauraum zu sorgen. Richten Sie daher auf Flohmärkten Ihr Augenmerk auf Kisten und Kästen, Truhen, Koffer und Körbe, die zu Ihrem Stil passen.

Im Kinderzimmer selbst können Sie dagegen die Zügel eher schleifen lassen. Wände und Böden sollten neutral gehalten sein, denn Kinder sind in ihrem Geschmack sehr wechselhaft. Pinnen Sie die derzeitigen Lieblingsbilder und -poster aus Comics oder von Tieren und Popstars an die nackte Wand, damit Sie sie leicht auswechseln können. Insbesondere in der Schlafecke sollte eine entspannte Atmosphäre herrschen, damit Ihr Kind hier zur Ruhe kommen kann. Kinder mögen es farbenfroh, Sie sollten jedoch auf eher sanfte Kontraste und harmonische Töne achten, damit der Raum nicht zu schreiend wird.

Beim Kauf des Kinderbetts stehen z. B. gusseiserne Bettgestelle und ausgemusterte Krankenhausbetten auf Flohmärkten zur Wahl; für die ganz Kleinen genügt ein Babykorb. Aus Gründen der Hygiene empfiehlt es sich, eine neue Matratze zu kaufen. Auf das Bett passt z. B. eine Häkel- oder eine Patchwork-Schlafdecke. Für ein Babybett ist sie aus alten Stoffen schnell gemacht und kann mit

Wenn Sie einen alten Sessel finden, der in gutem Zustand ist, geben Sie ihm durch einen Bezug aus dickem, buntem Stoff ein fröhliches Gesicht, und stellen Sie ihn ins Kinderzimmer. Das schlappohrige Kaninchen stammt auch von einem Markt und wurde erst einmal gründlich gewaschen.

DIESE SEITE Der Mustermix des Bettzeugs – ein gestreiftes Kopfkissen, kleinere Kissen mit geblümten Bezügen sowie rosa und hellblaue Überdecken à la Chinoise – zieht alle Blicke auf sich.

RECHTE SEITE Ein Traum in Bonbonfarben, wie kleine Mädchen es lieben. Die Wand hinter dem Kleiderschrank ziert eine Tapetencollage aus Resten und Musterbüchern.

JOELLE JOLIVET
CUISINE DE NUIT
MAURICE SENDAK
RICHARD SCARRY
LE LIVRE DES MOTS
DEUX COQS D'OR

dem Bett Ihres Kindes wachsen: Setzen Sie einfach weitere Flicken an. Für zarte Kinderhaut ist Leinen besonders geeignet: Wenn Sie alte Leinenlaken auftreiben, schneiden Sie sie fürs Kinderbett zurecht und färben sie ein.

Durchkämmen Sie die Märkte nach Kommoden, die Sie in der Lieblingsfarbe Ihres Kindes neu streichen. Kinder, die sich schon selbst anziehen können, sind froh, wenn ihre Kleidung für sie mühelos erreichbar ist – in bunten Einkaufskörben etwa oder in stabilen Pappkartons, die Sie mit Tapetenresten oder Geschenkpapier beklebt haben. Ein kleiner Secondhand-Kleiderschrank ist immer praktisch, doch wenn Ihr Kind sich seine tägliche Kleidung gern selbst zusammenstellt, können Sie auch eine Wäscheleine aufspannen oder eine Stange zwischen zwei stabile Holzpfosten montieren.

Als kindgerechte Sitzgelegenheit lassen sich Sessel vom Flohmarkt mit bunten, strapazierfähigen Secondhand-Textilien wie Segeltuch oder Matratzendrillich beziehen – oder Sie verstecken Sitzkissen und Matratzen unter einem ehemaligen Vorhang oder einer ausgemusterten Tagesdecke. Schlichte Lehnstühle können Sie mit bunt gemusterten Kissen

LINKS **Wenn das jüngste Kind aus ihnen herausgewachsen ist, landen Kindermöbel auf dem Flohmarkt. Diese Stühle brauchten nur einen neuen Anstrich. Kinder lieben lustige Gegenstände – hier hängen Wasserbälle, Lampions und ein Globus von der Decke. Suchen Sie nach wandgroßen Bildern, die Kinder stundenlang fesseln können.**

RECHTS **Die Erledigung der Hausaufgaben fällt in einer hellen, freundlichen Umgebung leichter. Hier nimmt ein Aufbewahrungssystem aus den 1970er Jahren Stifte, Lineale und anderes Schreibgerät auf. Eine rostige Gelenkleuchte hat einen neuen Anstrich aus kirschrotem Lack erhalten, ein alter Bürostuhl erstrahlt in warmem Gelb.**

Kinder mögen es bunt. Sie sollten grelle Farben jedoch mit sanften Kontrasten und harmonischen Tönen abmildern.

OBEN Das offene Regal beherbergt einen Stofftierzoo. Kinderaugen sind aber ebenso gefesselt von der Auskleidung der Fächer mit Geschenkpapierresten und alten Tapeten.

OBEN An einem in zartem Grün gestrichenen Hakenbrett wird ein handgestrickter Kindermantel aus alten Zeiten zur Schau gestellt. Dazu passt der Bügel mit Rosette.

OBEN Durch den pinkfarbenen Anstrich hat diese einfache Kommode ein hübsches Kleid bekommen. Darauf steht ein aus einem alten Handtuch genähter Elefant.

farbenfroh gestalten; für die Bezüge greifen Sie auf alte Tücher, Schürzen und Kleider zurück.

Ordnung ist das halbe Kinderzimmer, vor allem wenn Ihr Sprössling zum Chaos neigt. Da die meisten Kinder ihren Besitz gern vor Augen haben, versuchen Sie offene Aufbewahrungsorte – z. B. alte Bücherregale – mit Kisten, Kästen und Schränken zu kombinieren.

Sosehr Sie sich auch dagegen wehren werden – es kommt bestimmt vor, dass Sie mit einer Liste von Dingen, die Sie dringend benötigen, zum Flohmarkt gehen und mit einer Sammlung verwaister Spielsachen nachhause kommen. Secondhand-Spielzeug kostet normalerweise halb so viel wie neues, und wenn Sie auf Märkten einkaufen, geben Sie wenigstens kein Vermögen für etwas aus, das u.U. nur für fünf Minuten Aufmerksamkeit findet.

Zinnsoldaten, Stofftiere, Schaukelpferde und russische Puppen – Spielsachen von gestern sind auf Märkten häufig im Angebot, doch Sie finden dort auch allerlei Krimskrams, den Kinder lieben: alte Schmuckkästchen, Parfümflacons oder Gartenzwerge. Wagen Sie es, und nehmen Sie Ihr Kind zum Flohmarkt mit – betrachten Sie das Treiben dort aus seiner Perspektive. Wer früh Gefallen an Märkten findet, wird sein Lebtag nicht davon loskommen.

Es muss nicht immer eine Kommode sein – Sie können auch einen alten Sekretär aufarbeiten und in einer leuchtenden Farbe streichen. Das schöne alte Kinderbett aus Holz stammt aus Dänemark.

LINKS Der lange Fabriktisch mit gedrechselten Beinen, die darüber hängenden Fabrikleuchten sowie der imposante Ablageschrank und das Ensemble alter Drehstühle passen gut in eine Fabriketage.

Manche brauchen nur einen Platz, an dem sie Briefe und Rechnungen schreiben, andere arbeiten von zuhause aus.

Arbeitsräume

Maßgeschneiderte Secondhand-Möbel für den häuslichen Arbeitsplatz stammen meist von ihrem ursprünglichen Einsatzort, dem Büro. Einiges taucht auf Flohmärkten auf, doch eher wird man bei Versteigerungen nach Büroauflösungen, bei Auktionen und in Secondhand-Läden für Büromöbel fündig.

Für Schreibarbeiten ist ein eigens für diesen Zweck entworfener Tisch am besten geeignet. Damit er nicht zu sehr nach Büro aussieht, können Sie seine eintönige Vorgeschichte unter einem farbenfrohen Anstrich oder einer alten Tischdecke verbergen und die Schubladen, sofern vorhanden, in unterschiedlichen Farben streichen und mit neuen Griffen ausstatten.

Rollschreibtische oder Sekretäre aus früheren Zeiten verfügen häufig über viel Stauraum. Wenn Lager geräumt werden, tauchen gelegentlich auch Arbeitstische auf Märkten auf, an denen einst Architekten stundenlang gezeichnet oder Arbeiterinnen Stoff und Leder zugeschnitten haben, sowie Versammlungstische und antike Nähmaschinentische (ohne die Maschinen). Häufiger jedoch sind alte Schultische, kleine Esstische aus Kiefer und Tische mit Glasplatte zu finden – auch sie sind als Schreibtische nutzbar. Oder Sie werden selbst aktiv und legen eine glatte Tür auf zwei Stützen – aufgestapelte Ziegelsteine, Holzböcke, Nachttische oder zwei Aktenschränke –, und schon haben Sie für wenig Geld einen schicken Schreibtisch.

Wichtig ist vor allem ein guter Stuhl, besonders dann, wenn Sie viel Zeit am Schreibtisch verbringen. Vor dem Kauf sollten Sie den Stuhl unbedingt testen: Die Beine sollten fest auf dem Boden stehen (wenn sie nicht bis zum Boden reichen, können eine Fußbank, Secondhand-Bücher oder eine alte Weinkiste Abhilfe schaffen), der Rücken braucht insbesondere im unteren Bereich eine gute Stütze, und die Arme sollten im rechten Winkel auf dem Schreibtisch aufliegen. Am besten ist natürlich ein ergonomisch gestalteter Schreibtischstuhl, dem Sie mit einem Vintage-Bezugsstoff für Sitz und Lehne ein neues Gesicht geben können.

RECHTS Metallschränke lassen sich gut überstreichen oder bekleben, doch in einem Raum wie diesem sehen sie in der Originalfarbe vor dem gestrichenen Mauerwerk am besten aus.

Es gibt viele Möglichkeiten, einen Schreibtisch selbst zu bauen. Hier tragen alte Holzböcke eine neue Glasplatte. Statt eines Kissens gewährleistet ein zusammengefalteter Webteppich komfortables Sitzen. Die Tischlampe mit dem langen, eleganten Fuß und dem kleinen, schlichten Schirm sorgt für Exzentrik.

Dank einiger Funde mit industrieller Vergangenheit sieht es hier nach harter Arbeit aus. Solche Schreibtische, Stühle und Regalsysteme aus Metall tauchen häufig auf Märkten auf. Für die perfekte Ausleuchtung des Arbeitsplatzes sorgt eine Zeichnerleuchte.

Auch Konferenzstühle aus Leder, Architektenstühle, Schul- und einfache Holzstühle können am Schreibtisch dienlich sein. Wenn sie in der Höhe nicht passen, können Sie die Beine kürzen oder aber ein Polsterkissen auf den Sitz legen.

Jeder Arbeitsplatz braucht Licht, bei dem es sich gut lesen lässt; eine verstellbare Schreibtischlampe mit Gelenken ist in dieser Hinsicht unschlagbar. (Vergessen Sie aber nicht, Gelenke und Federn auf ihre Funktionstüchtigkeit hin zu prüfen.) Kleine Nachttischlampen oder große Bodenleuchten spenden ebenfalls viel Licht.

Neben Büroschränken brauchen die meisten ein Ablagesystem, um persönliche Papiere in Ordnung zu halten. Büromöbel erfüllen diesen Zweck sehr gut, können aber vielfach eine kosmetische Behandlung vertragen, damit sie in die häusliche Umgebung passen. Als Alternativen bieten sich alte Postfächer, Kommoden, Metallspinde, Bücherregale, Kleiderschränke mit ausgehängten Türen und – für Akten – an der Wand befestigte Tellerregale an.

GANZ LINKS **Ein Vorhang aus Seidentüchern trennt diesen Arbeitsplatz ab.**

LINKS **Als Arbeitsecke lässt sich auch der »tote« Raum neben der Treppe nutzen. Die geschickt angebrachte Lampe beleuchtet einen Tisch, der früher in einer Druckerei stand.**

OBEN **Dieser Schreibtisch hat in einer Wohnzimmerecke seinen Platz gefunden. Die alten Postfächer bieten viel Platz für Papiere.**

Ordnung auf dem Schreibtisch muss sein, doch man kann den üblichen Plastikablagen entgehen, die eher in Büros mit niedrigen Decken und grau gestrichenen Wänden passen: Stecken Sie Stifte, Lineale und Scheren in alte Vasen, Dosen, Marmeladengläser, Milch- oder Teekannen.

Märkte fördern häufig auch Schreibtischzubehör von einst zutage – alte Telefone aus Bakelit etwa, antike Schreibmaschinen, Schreibfedern, Tintenfässer, Briefbeschwerer und Brieföffner mit Elfenbeingriff.

Notizblöcke, Hefter, Locher und CDs lassen sich in größeren Behältern verstauen, z. B. in alten Aktentaschen, Schmuckkassetten, Hutschachteln oder bunt beklebten Schuhkartons.

Flohmärkte im In- und Ausland

BELGIEN
www.visitbelgium.com

Le Marché aux puces de Bruxelles
Place du Jeu de Balle/Vossenplein,
1020 Brüssel
täglich, 7-14 Uhr
www.reinhard-buerck.de/waltraud_schwambach/termine/flohmarkt/belgien/bruessel_jeu_du_balle.htm
www.belgien-tourismus.de/49.php

DÄNEMARK

Gammel-Strand-Flohmarkt
Gammel Strand-Zentrum, 1433 Kopenhagen
freitags, 9-18 Uhr, samstags, 9-15 Uhr
www.useit.dk/?node=61

DEUTSCHLAND
Die meisten größeren Flohmärkte in Deutschland werden ein- bis zweimal jährlich von den jeweiligen Städten organisiert. Hier bieten Privatleute und professionelle Händler von Kleinkram bis zu echten Antiquitäten alles an. In größeren Städten finden aber auch wöchentlich Flohmärkte statt. Eine Übersicht finden Sie z.B. unter www.marktcom.de. Hier ein kleine Auswahl an sehenswerten Märkten.

Berlin
Straße des 17. Juni, Charlottenburg,
10623 Berlin
samstags und sonntags, 10-16 Uhr
www.marktcom.de/v.php?t=124764&r=2

Bremen
Bürgerweide/Hansa-Carré, 28215 Bremen
sonntags, 7-14 Uhr
www.breminale.de/index.php?go=Flohmarkt

Frankfurt-Sachsenhausen/Mainufer
Museumsufer, 60594 Frankfurt a.M.
samstags, 9-14 Uhr
www.zum-flohmarkt.de/regionen/flohmarkt-frankfurt.html

Hamburg/Alte Rinderschlachthalle
Neuer Kamp 30, 20357 Hamburg
samstags, 8-16 Uhr
www.marktkultur-hamburg.de

München/Olympiapark
Am Olympiapark (Parkharfe),
80809 München
freitags und samstags, 7-16 Uhr
www.muenchen.de/Stadtleben/Shopping_/84776/10aflohmaerkte.html

München-Riem
Messe München, Willy-Brandt-Allee,
81829 München
samstags, 6-16 Uhr
www.flohmarkt-riem.com/

FRANKREICH
www.discoverfrance.net

Braderie de Lille
Lille-Zentrum, 59000 Lille
das erste Wochenende im September
www.nordmag.info/article.php3?id_article=637
www.mairie-lille.fr/braderie/animations4.htm

Puces de Montreuil
Avenue de la Porte de Montreuil,
75020 Paris
samstags, sonntags, montags, 7-17 Uhr

Les Puces de Paris Saint-Ouen
Rue Jules Vallès/Porte de Clignancourt,
93400 Saint-Ouen
samstags, sonntags, montags, 8.30-18 Uhr
www.parispuces.com
www.reinhard-buerck.de/waltraud_schwambach/termine/flohmarkt/paris/saint_quen/flohmarkt_paris_saint_quen_00.htm

GROSSBRITANNIEN

Brick Lane
Brick Lane, Cheshire Street und Sclater Street,
London E1 and E2
sonntags, 6-13 Uhr
www.eastlondonmarkets.com

Camden Markets
Camden High Street, London NW1
samstags und sonntags sowie an den meisten Wochentagen, 9-17 Uhr
www.camdenlock.net

Portobello Market
Portobello Road, London W11
samstags, 8-17 Uhr
www.portobelloroad.co.uk

NIEDERLANDE
Am 30. April verwandelt sich ganz Amsterdam in einen einzigen riesigen Flohmarkt. Aber auch regelmäßige Märkte finden hier statt.

Waterlooplein
Waterlooplein, 1011 Amsterdam
montags-samstags, 9-17 Uhr
www.amsterdam.info/de/shopping/maerkte/

ÖSTERREICH

Naschmarkt Wien
Kettenbrückengasse, 6. Bezirk, 1050 Wien
samstags, 6.30-16 Uhr
www.flohmarkt-termine.at/kalender/php/such_ergebnis_bundesland.php?bundesland=Wien

SCHWEIZ

Zürich
Bürkliplatz (Stadthausanlage), 8001 Zürich
Mai-Oktober, samstags, 6-16 Uhr
www.wwfzh.ch/service/secondhand/br_8.html

INTERNET

Das Internet bietet zahlreiche Auktions-Websites, die Ihnen Zugang zu einer Vielzahl einzigartiger Gegenstände verschaffen und weltweites Shopping möglich machen. Eine der bekanntesten und besten ist www.ebay.com.

Aufnahmeorte

Sämtliche Fotos: Debi Treloar

o. = oben, u. = unten, r. = rechts, l. = links, M. = Mitte

Vor- und Nachsatz Story; **S. 1** Zuhause der Designerin Petra Boase & Familie in Norfolk; **2** Zuhause der Designerin Susanne Rutzou in Kopenhagen; **3** Debi Treloars Zuhause in London; **4** Zuhause von Sigolène Prébois von Tsé & Tsé associées in Paris; **5** Zuhause von Catherine Lévy von Tsé & Tsé associées in Paris; **12–13** Zuhause von Emily Chalmers, Autorin, Stylistin und Besitzerin eines mobilen Ladens, & Filmregisseur Chris Richmond in London; **14** Zuhause von Helle Høgsbro Krag, Besitzerin von Crème de la Crème à la Edgar, in Kopenhagen; **15 kleine Abb.** Debi Treloars Zuhause in London; **16 o.** Zuhause von Martin Barrell & Amanda Sellers, Besitzer von Maisonette, in London; **16 u.l.** Debi Treloars Zuhause in London; **16 u.r.** Kopenhagener Zuhause der Producerin Samina Langholz von Bullet Productions (www.bullet.dk); **17** Debi Treloars Zuhause in London; **18 & 19 r.** Zuhause von Martin Barrell & Amanda Sellers, Besitzer von Maisonette, in London; **19 l.** Zuhause der Designerin Susanne Rutzou in Kopenhagen; **20 o.** Zuhause von Sigolène Prébois von Tsé & Tsé associées in Paris; **20 u.** Zuhause von Glen Senk & Keith Johnson von Anthropologie in Philadelphia; **21** Anita Calero; **22–23** Zuhause der Designerin Susanne Rutzou in Kopenhagen; **24 o.l.** Zuhause von Kristin Norris, Kreativchefin von Anthropologie, & Trevor Lunn, Digitaldesigner, in Philadelphia; **24 u.l.** Zuhause von Catherine Lévy von Tsé & Tsé associées in Paris; **24 r. & 25** Zuhause von Helle Høgsbro Krag, Besitzerin von Crème de la Crème à la Edgar, in Kopenhagen; **26** Debi Treloars Zuhause in London; **27 Hintergrund** Pamela Falks Zuhause in Chestnut Hill; **27 kleine Abb.** Zuhause der Designerin Petra Boase & Familie in Norfolk; **28** Zuhause von Martin Barrell & Amanda Sellers, Besitzer von Maisonette, in London; **28 kleine Abb.** Debi Treloars Zuhause in London; **29, 30 & 31 l.** Zuhause von Emily Chalmers, Autorin, Stylistin und Besitzerin eines mobilen Ladens, & Filmregisseur Chris Richmond in London; **31 r.** Debi Treloars Zuhause in London; **32 o.l.** Zuhause der Designerin Susanne Rutzou in Kopenhagen; **32 o.r.** Zuhause von Kristin Norris, Kreativchefin von Anthropologie, & Trevor Lunn, Digitaldesigner, in Philadelphia; **32 u.** Zuhause von Glen Senk & Keith Johnson von Anthropologie in Philadelphia; **33 l.** Zuhause der Designerin Susanne Rutzou in Kopenhagen; **33 r.** Story; **34 beide Abb.** Zuhause der Designerin Petra Boase & Familie in Norfolk; **35–36** Debi Treloars Zuhause in London; **37 l.** Kopenhagener Zuhause der Producerin Samina Langholz von Bullet Productions (www.bullet.dk); **37 r.** Zuhause der Designerin Petra Boase & Familie in Norfolk; **38–39** Zuhause der Designerin Susanne Rutzou in Kopenhagen; **39 u.l.** Zuhause von Glen Senk & Keith Johnson von Anthropologie in Philadelphia; **39 o.r.** Kopenhagener Zuhause der Producerin Samina Langholz von Bullet Productions (www.bullet.dk); **40** Gästehaus des Innenarchitekten und Künstlers Philippe Guilmin in Brüssel; **40 kleine Abb. & 41** Zuhause von Helle Høgsbro Krag, Besitzerin von Crème de la Crème à la Edgar, in Kopenhagen; **42** Kopenhagener Zuhause der Producerin Samina Langholz von Bullet Productions (www.bullet.dk); **43** Gästehaus des Innenarchitekten und Künstlers Philippe Guilmin in Brüssel; **44** Zuhause von Martin Barrell & Amanda Sellers, Besitzer von Maisonette, in London; **45 u.l. & o.r.** Zuhause der Designerin Susanne Rutzou in Kopenhagen; **45 M.** Zuhause von Helle Høgsbro Krag, Besitzerin von Crème de la Crème à la Edgar, in Kopenhagen; **46** Kopenhagener Zuhause der Producerin Samina Langholz von Bullet Productions (www.bullet.dk); **47 u.l.** Zuhause der Designerin Susanne Rutzou in Kopenhagen; **47 o.r.** Zuhause von Helle Høgsbro Krag, Besitzerin von Crème de la Crème à la Edgar, in Kopenhagen; **48 o.l.** Kopenhagener Zuhause der Producerin Samina Langholz von Bullet Productions (www.bullet.dk); **48 u.l., 48 o.r. & 49** Gästehaus des Innenarchitekten und Künstlers Philippe Guilmin in Brüssel; **50** Zuhause von Emily Chalmers, Autorin, Stylistin und Besitzerin eines mobilen Ladens, & Filmregisseur Chris Richmond, Direktor, in London; **51 l.** Debi Treloars Zuhause in London; **51 r. beide Abb.** Zuhause von Catherine Lévy von Tsé & Tsé associées in Paris; **52 & 53 kleine Abbildung** Pamela Falks Zuhause in Chestnut Hill; **54 & 55 Hauptabb.** Gästehaus des Innenarchitekten und Künstlers Philippe Guilmin in Brüssel; **55 kleine Abb.** Apartment des Designers Steven Shailer in New York City; **56 Hauptabb.** Zuhause von Catherine Lévy von Tsé & Tsé associées in Paris; **56 kleine Abb.** Zuhause der Designerin Petra Boase & Familie in Norfolk; **57 l.** Debi Treloars Zuhause in London; **57 r.** Kopenhagener Zuhause der Producerin Samina Langholz von Bullet Productions (www.bullet.dk); **58 l.** Zuhause von Martin Barrell & Amanda Sellers, Besitzer von Maisonette, in London; **58 r.** Debi Treloars Zuhause in London; **59** Zuhause von Sigolène Prébois von Tsé & Tsé associées in Paris; **60** John Derians Apartment in New York; **61 M.** Anita Calero; **61 u.l.** Zuhause von Catherine Lévy von Tsé & Tsé associées in Paris; **61 u.r.** Kopenhagener Zuhause der Producerin Samina Langholz von Bullet Productions (www.bullet.dk); **62 o.l.** Zuhause von Glen Senk & Keith Johnson von Anthropologie in Philadelphia; **62 u.l.** Zuhause von Helle Høgsbro

Krag, Besitzerin von Crème de la Crème à la Edgar, in Kopenhagen; **62 o.r.** John Derians Apartment in New York; **62 u.r.** Zuhause von Pamela Falk in Chestnut Hill; **63 l.** Zuhause von Glen Senk & Keith Johnson von Anthropologie in Philadelphia; **63 r.** Apartment des Designers Steven Shailer in New York City; **64 alle Abb.** Zuhause der Designerin Susanne Rutzou in Kopenhagen; **65 kleine Abb.** Anita Calero; **65 Hauptabb.** Zuhause der Designerin Susanne Rutzou in Kopenhagen; **66 o.l & u.M.** Zuhause von Catherine Lévy von Tsé & Tsé associées in Paris; **66 o.r. & 67** Zuhause von Emily Chalmers, Autorin, Stylistin und Besitzerin eines mobilen Ladens, & Filmregisseur Chris Richmond, Direktor, in London; **68–69 alle Abb. außer 68 o.r.** Story; **68 o.r. kleine Abb.** Zuhause von Martin Barrell & Amanda Sellers, Besitzer von Maisonette, in London; **70–71 alle Abb. außer 70 o.r.** Zuhause von Catherine Lévy von Tsé & Tsé associées in Paris; **70 o.r.** Zuhause von Kristin Norris, Kreativchefin von Anthropologie, & Trevor Lunn, Digitaldesigner, in Philadelphia; **72–73** Kopenhagener Zuhause der Producerin Samina Langholz von Bullet Productions (www.bullet.dk); **74–75** Zuhause von Emily Chalmers, Autorin, Stylistin und Besitzerin eines mobilen Ladens, & Filmregisseur Chris Richmond, Direktor, in London; **76–77** Kopenhagener Zuhause der Producerin Samina Langholz von Bullet Productions (www.bullet.dk); **78** Zuhause der Designerin Susanne Rutzou in Kopenhagen; **79** Zuhause von Martin Barrell & Amanda Sellers, Besitzer von Maisonette, in London; **80** Gästehaus des Innenarchitekten und Künstlers Philippe Guilmin in Brüssel; **81** Zuhause von Helle Høgsbro Krag, Besitzerin von Crème de la Crème à la Edgar, in Kopenhagen; **82 u.** John Derians Apartment in New York; **82 o.** Apartment des Designers Steven Shailer in New York City; **83** Anita Calero; **84** Zuhause von Glen Senk & Keith Johnson von Anthropologie in Philadelphia; **85** Zuhause von Kristin Norris, Kreativchefin von Anthropologie, & Trevor Lunn, Digitaldesigner, in Philadelphia; **86** Story; **87** Debi Treloars Zuhause in London; **88–89** Zuhause von Catherine Lévy von Tsé & Tsé associées in Paris; **90–91** Gästehaus des Innenarchitekten und Künstlers Philippe Guilmin in Brüssel; **92** Zuhause von Kristin Norris, Kreativchefin von Anthropologie, & Trevor Lunn, Digitaldesigner, in Philadelphia; **93 alle Abb.** Zuhause von Sigolène Prébois von Tsé & Tsé associées in Paris; **94–95** Zuhause von Martin Barrell & Amanda Sellers, Besitzer von Maisonette, in London; **96–97** Debi Treloars Zuhause in London; **98** John Derians Apartment in New York; **98–99** Zuhause von Emily Chalmers, Autorin, Stylistin und Besitzerin eines mobilen Ladens, & Filmregisseur Chris Richmond, Direktor, in London; **99** Zuhause von Helle Høgsbro Krag, Besitzerin von Crème de la Crème à la Edgar, in Kopenhagen; **100–101 alle Abb.** Story; **102–103** Zuhause der Designerin Susanne Rutzou in Kopenhagen; **104 l.** Zuhause von Glen Senk & Keith Johnson von Anthropologie in Philadelphia; **104–105** Pamela Falks Zuhause in Chestnut Hill; **105** John Derians Apartment in New York; **106–107** Zuhause von Catherine Lévy von Tsé & Tsé associées in Paris; **108–109** Zuhause von Martin Barrell & Amanda Sellers, Besitzer von Maisonette, in London; **110** Zuhause von Helle Høgsbro Krag, Besitzerin von Crème de la Crème à la Edgar, in Kopenhagen; **111** Gästehaus des Innenarchitekten und Künstlers Philippe Guilmin in Brüssel; **112** Zuhause der Designerin Petra Boase & Familie in Norfolk; **113** Zuhause von Emily Chalmers, Autorin, Stylistin und Besitzerin eines mobilen Ladens, & Filmregisseur Chris Richmond, Direktor, in London; **114 r.** Kopenhagener Zuhause der Producerin Samina Langholz von Bullet Productions (www.bullet.dk); **114 l., 115 & 116** Debi Treloars Zuhause in London; **117–119** Zuhause der Designerin Petra Boase & Familie in Norfolk; **120 & 121 r.** Zuhause von Emily Chalmers, Autorin, Stylistin und Besitzerin eines mobilen Ladens, & Filmregisseur Chris Richmond, Direktor, in London; **121 l.** Zuhause von Sigolène Prébois von Tsé & Tsé associées in Paris;**.** **122** Gästehaus des Innenarchitekten und Künstlers Philippe Guilmin in Brüssel; **123** Story; **124–125** Gästehaus des Innenarchitekten und Künstlers Philippe Guilmin in Brüssel; **126** Zuhause von Sigolène Prébois von Tsé & Tsé associées in Paris; **127** Zuhause der Designerin Petra Boase & Familie in Norfolk; **128–129** Debi Treloars Zuhause in London; **130** Zuhause von Sigolène Prébois von Tsé & Tsé associées in Paris; **131–133** Zuhause von Helle Høgsbro Krag, Besitzerin von Crème de la Crème à la Edgar, in Kopenhagen; **134–135** Gästehaus des Innenarchitekten und Künstlers Philippe Guilmin in Brüssel; **136** John Derians Apartment in New York; **137** Zuhause von Glen Senk & Keith Johnson von Anthropologie in Philadelphia; **138** Zuhause von Emily Chalmers, Autorin, Stylistin und Besitzerin eines mobilen Ladens, & Filmregisseur Chris Richmond, Direktor, in London; **139 u.** Zuhause von Sigolène Prébois von Tsé & Tsé associées in Paris; **139 o.** Apartment des Designers Steven Shailer in New York City.

Firmenverzeichnis

Anita Calero Photography

521 West 23rd Street # 6R
New York, NY 10011
USA
+ 1 212 727 8949
www.apostrophe.net
S. 21, 61 M., 65 kleine Abb., 83

Anthropologie

+ 1 800 309 2500
www.anthropologie.com
S. 20 u., 24 o.l., 32 o.r., 32 u., 39 u.l., 62 o.l., 63 l., 70 o.r., 84, 85, 92, 104 l., 137

Bois-Renard

Dekorative Innenausstattung
+ 1 215 247 4777
S. 27 Hintergrund, 52, 53 kleine Abb., 62 u.r., 104–105

Bullet Productions

www.bullet.dk
S. 16 u.r., 37 l., 39 o.r., 42, 46, 48 o.l., 57 r., 61 u.r., 72–73, 76–77, 114 r.

Crème de la Crème à la Edgar

Kompagnistræde 8, st
1208 Copenhagen K
Dänemark
+ 45 33361818
S. 14, 24 r., 25, 40 kleine Abb., 41, 45 M., 47 o.r., 62 u.l., 81, 99, 110, 131–133

Debi Treloar

www.debitreloar.com
S. 3, 15 kleine Abb., 16 u.l., 17, 26, 28 kleine Abb., 31 r., 35–36, 51 l., 57 l., 58 r., 87, 96–97, 114 l., 115, 116, 128–129

Emily Chalmers

Autorin und Stylistin
www.emilychalmers.com
Caravan
11 Lamb Street
Spitalfields
London E1 6EA
+44 20 7247 6467
www.caravanstyle.com
S. 12–13, 29, 30, 31 l., 50, 66 o.r., 67, 74–75, 98–99, 113, 120, 121 r., 138

John Derian

Laden
6 East 2nd Street
New York, NY 10003
USA
+ 1 212 677 3917
www.johnderian.com
S. 60, 62 o.r., 82 u., 98, 105, 136

Maisonette

+44 20 8964 8444
maisonette.uk@aol.com
www.maisonette.uk.com
Für die Buchung der Location bitte Richard Smith von InSpace anrufen: 07050 189 375
S. 16 o., 18, 19 r., 28, 44, 58 l., 68 o.r., 79, 94–95, 108–109

Petra Boase

www.petraboase.com
info@petraboase.com
S. 1, 27 kleine Abb., 34 beide Abb., 37 r., 56 kleine Abb., 112, 117–119, 127

Philippe Guilmin

Innenarchitekt und Künstler
philippe.guilmin@skynet.be
S. 40, 43, 48 u.l., 48 o.r., 49, 54, 55 Hauptabb., 80, 90–91, 111, 122, 124–125, 134–135

Rützou A/S

+ 45 35240616
www.rutzou.com
cph@rutzou.com
S. 2, 19 l., 22–23, 32 o.l., 33 l., 38–39, 45 u.l., 45 o.r., 47 u.l., 64, 65 Hauptabb., 78, 103

Steven Shailer

+ 1 917 518 8001
S. 55 kleine Abb., 63 r., 82 o., 139 o.

Story

4 Wilkes Street
London E1 6QF
+44 20 7377 0313
Story – das sind eine ständig im Wandel begriffene und sich weiterentwickelnde Lifestyle-Galerie und ein Laden in der Nähe des Brick Lane Market. Zum Story-Projekt gehört auch »Story Deli« – ein Muss für Besucher des Londoner East End.
Vorsatz, S. 33 r., 68–69 (alle Abb. außer 68 o.r.), 86, 100–101, 123

Tsé & Tsé associées

Catherine Lévy & Sigolène Prébois
www.tse-tse.com
S. 4, 5, 20 o., 24 u.l., 51 r., 56 Hauptabb., 59, 61 u.l., 66 o.l., 66 u.M., 70–71, 88–89, 93, 106–107, 121 l., 126, 130, 139 u.

Register

***Kursive* Seitenzahlen verweisen auf Bildlegenden.**

Danksagung

Emily Chalmers dankt allen, die die Entstehung dieses Buches ermöglicht haben, insbesondere Alison Starling, die das wunderbare Projekt ersonnen hat; Gabriella Le Grazie für ihre Kontaktaufnahme mit uns und ihre ganz besondere Art, uns anzuleiten; Emily Westlake für ihre Unterstützung; Paul Tilby für seine zeichnerischen Fähigkeiten sowie Henrietta Heald und dem ganzen tüchtigen Team von Ryland Peters & Small. Ali, noch einmal Dankeschön für Ihren Optimismus und die vielen Anregungen; und vielen Dank an all jene Flohmarktfans, die uns erlaubt haben, hier ihre wundervollen Häuser und Wohnungen vorzustellen.

Ein besonderer Dank geht an die wunderbare Debi Treloar, meine Flohmarktfreundin.

Ali Hanan dankt Henrietta Heald für ihr sorgfältiges, einfühlsames Lektorat; Alison Starling für den Auftrag, an einem so schönen Buch mitzuarbeiten; der temperamentvollen, warmherzigen, wundervollen Emily Chalmers für die Blumen, Gespräche und inspirierenden Ideen sowie ihrem eigenen Team zu Hause – Dizzy, Luca und der kleinen Rosa.

AMERICAN ORCHID CULTURE
eautiful Roses
OM BARIL
コトリ
タマゴ

DOWRY
OF A
NOBODY